ନିଃଶବ୍ଦ ବଂଶୀସ୍ବନ

ନିଃଶବ୍ଦ ବଂଶୀସ୍ୱନ

ପ୍ରଫେସର ଅରୁଣ ଚନ୍ଦ୍ର ସାହୁ

BLACK EAGLE BOOKS
2021

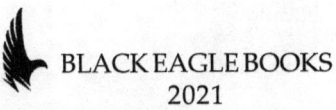

BLACK EAGLE BOOKS

USA address:
7464 Wisdom Lane
Dublin, OH 43016

India address:
E/312, Trident Galaxy, Kalinga Nagar,
Bhubaneswar-751003, Odisha, India

E-mail: info@blackeaglebooks.org
Website: www.blackeaglebooks.org

First International Edition Published by
BLACK EAGLE BOOKS, 2021

NISHABDA BANSHISWANA
(An anthology of Odia Poems)
by **Prof. (Dr.) Arun Chandra Sahu**

Copyright © **Prof. (Dr.) Arun Chandra Sahu**

All rights reserved. No part of this publication may be reproduced, stored in a retrieval system, or transmitted, in any form or by any means, electronic, mechanical, photocopying, recording or otherwise without the prior permission of the publisher.

Cover: **Er. Amruta Panigrahi**
Interior Design: Ezy's Publication

ISBN- 978-1-64560-186-9 (Paperback)

Printed in the United States of America

ଉତ୍ସର୍ଗ

ରମାକାନ୍ତ ରଥ

(ଜନ୍ମ - ୧୩ ଡିସେମ୍ବର, ୧୯୩୪)

ସରସ୍ୱତୀ ସମ୍ମାନପ୍ରାପ୍ତ ବହୁଚର୍ଚ୍ଚିତ କାବ୍ୟଗ୍ରନ୍ଥ 'ଶ୍ରୀରାଧା'ର ରଚୟିତା, 'ସପ୍ତମ ଋତୁ' ପାଇଁ କେନ୍ଦ୍ର ସାହିତ୍ୟ ଏକାଡ଼େମୀ ପୁରସ୍କାର (୧୯୭୭), ବିଷୁବ ସମ୍ମାନ (୧୯୯୦) ଆଦି ବହୁ ସମ୍ମାନ ତଥା ପୁରସ୍କାରପ୍ରାପ୍ତ, କେନ୍ଦ୍ରୀୟ ସାହିତ୍ୟ ଏକାଡ଼େମୀର ଉପସଭାପତି (୧୯୯୩ ରୁ ୧୯୯୮) ତଥା ସଭାପତି (୧୯୯୮ ରୁ ୨୦୦୩) ଆସନ ମଣ୍ଡନକାରୀ, ସାହିତ୍ୟ ଏକାଡ଼େମୀ ଫେଲୋସିପ(୨୦୦୯)ପ୍ରାପ୍ତ ପଦ୍ମଭୂଷଣ ଶ୍ରୀ ରମାକାନ୍ତ ରଥଙ୍କ କରକମଳରେ ଅର୍ପିତ ।

ଅରୁଣ ଚନ୍ଦ୍ର ସାହୁ

ଭୂମିକା

ଏ କବିତା ସଙ୍କଳନରେ ସ୍ଥାନିତ ହୋଇଥିବା ଭିନ୍ନ ଭିନ୍ନ ସ୍ୱାଦର କବିତା ମଧ୍ୟରୁ ପ୍ରଥମ ମୁଖ୍ୟ ଓ ଦୀର୍ଘ କବିତା 'ନିଃଶବ୍ଦ ବଂଶୀସ୍ୱନ' ଯାହା ଏ ପୁସ୍ତକର ନାମକରଣ ତା' ବିଷୟରେ କିଛି ଅବତାରଣା କରିବା ଅପ୍ରାସଙ୍ଗିକ ମନେ ହୁଏ ନାହିଁ । ଏହି କବିତାଟି ମୁଖ୍ୟତଃ ରାଧାକୃଷ୍ଣଙ୍କ ପ୍ରେମ, ବିରହ ତଥା ତିରୋଧାନ ଉପରେ ପର୍ଯ୍ୟବସିତ । ପୌରାଣିକ ତଥ୍ୟ ଅନୁସାରେ ଦ୍ୱାପର ଯୁଗରେ ଉତ୍ତର ପ୍ରଦେଶ ମଥୁରାର ରାଜା କଂସଙ୍କ ବନ୍ଦୀଶାଳାରେ ବସୁଦେବଙ୍କ ପତ୍ନୀ ଦେବକୀଙ୍କ ଗର୍ଭରୁ ଶ୍ରୀକୃଷ୍ଣ ଜନ୍ମ ହୋଇଥିଲେ ଭାଦ୍ରବ କୃଷ୍ଣପକ୍ଷ ଅଷ୍ଟମୀ ତିଥିରେ ଠିକ୍ ରାତି ବାରଟା ବେଳେ ଖ୍ରୀଷ୍ଟପୂର୍ବ ୩୨୨୮ ଜୁଲାଇ ୧୯ ତାରିଖ ବୁଧବାରରେ । ଅବଶ୍ୟ ଏହାର ତାରିଖକୁ ନେଇ ଭିନ୍ନ ଭିନ୍ନ ମତ ରହିଛି । କିନ୍ତୁ ଚାନ୍ଦ୍ର ମାସ ଅନୁସାରେ ସେ ଭାଦ୍ରବ କୃଷ୍ଣ ଅଷ୍ଟମୀରେ ଜନ୍ମ ହୋଇଥିବାର ଦ୍ୱିମତ ନାହିଁ ଯାହାକୁ ଆମେ କୃଷ୍ଣ ଜନ୍ମାଷ୍ଟମୀ ରୂପେ ସାରା ଭାରତରେ ପାଳନ କରୁଅଛୁ । ଏଠି ସଂଯୋଗର ବିଷୟ ହେଉଛି ଯେ କୃଷ୍ଣ ହେଉଛନ୍ତି ଭଗବାନ ବିଷ୍ଣୁଙ୍କ ଅଷ୍ଟମ ଅବତାର, ମାତା ଦେବକୀଙ୍କ ଅଷ୍ଟମ ସନ୍ତାନ, ଜନ୍ମ ମଧ୍ୟ ଅଷ୍ଟମୀରେ, ଅଷ୍ଟମ ବର୍ଷରେ ପ୍ରେମ କରିଥିଲେ ରାଧାଙ୍କୁ ଯାହାଙ୍କର ଜନ୍ମ ମଧ୍ୟ ହୋଇଥିଲା ସେଇ ଭାଦ୍ରବ ମାସ ଶୁକ୍ଳ ଅଷ୍ଟମୀରେ ଯେଉଁଦିନ ଶ୍ରୀରାଧାଷ୍ଟମୀ ପାଳନ କରାଯାଏ, ଅବଶ୍ୟ କୃଷ୍ଣଙ୍କ ଜନ୍ମର ପାଞ୍ଚବର୍ଷ ପୂର୍ବରୁ । ଆଉ ଏକ ସଂଯୋଗର କଥା ହେଉଛି ଯେ ଏ ସଂକଳନଟି ମଧ୍ୟ ମୋର ଅଷ୍ଟମ କବିତା ସଂକଳନ ।

ଯେହେତୁ ରାଧା କୃଷ୍ଣଙ୍କଠାରୁ ପାଞ୍ଚ ବର୍ଷ ବଡ଼, ସେ ଖ୍ରୀଷ୍ଟପୂର୍ବ ୩୨୩୩ରେ ଜନ୍ମ ହୋଇଥିବାର ଅନୁମାନ କରାଯାଏ । ରାଧାଙ୍କର ଅନ୍ୟ ନାମଗୁଡ଼ିକ ହେଉଛି ରାଧିକା, ରାଧାରାଣୀ, ମାଧବୀ, କେଶବୀ, କିଶୋରୀ । ସେ ହେଉଛନ୍ତି ହିନ୍ଦୁମାନଙ୍କର ଦୟା, କୋମଳତା, ପ୍ରେମ ତଥା ଭକ୍ତିର ଜଣେ ପରମ ଆରାଧ୍ୟା ଦେବୀ ଯିଏ ଗୋପୀମାନଙ୍କ ମଧ୍ୟରେ ସର୍ବଶ୍ରେଷ୍ଠା, କୃଷ୍ଣଙ୍କର ଅନନ୍ୟ ପ୍ରେମିକା ତଥା ତାଙ୍କର

ହ୍ଲାଦିନୀ ଶକ୍ତି ଯିଏ ମଧ୍ୟ ବାସ କରନ୍ତି ଶ୍ରୀକୃଷ୍ଣଙ୍କ ହୃଦୟକନ୍ଦରରେ, ଆତ୍ମାରେ ତଥା ଗୋଲକ ଧାମରେ ଯାହାଙ୍କୁ ମଧ୍ୟ ଲକ୍ଷ୍ମୀଙ୍କର ଅବତାର ବୋଲି ବିଶ୍ୱାସ କରାଯାଏ । ପୁଣି କେତେକ ତାଙ୍କୁ କୃଷ୍ଣଙ୍କର ନାରୀ ରୂପ ବୋଲି ବିବେଚ଼ନା କରନ୍ତି ।

ରାଧାଙ୍କ କୃଷ୍ଣଙ୍କ ପ୍ରତି ଅନାବିଳ, ଐଶ୍ୱରୀକ ତଥା ଦେହାତୀତ ପ୍ରେମ, ଆତ୍ମୀକ ଉତ୍କର୍ଷତା ତଥା ବ୍ରହ୍ମ ସହ ମିଳନର ଏକ ଚିତ୍ରକଳ୍ପ ଯାହାକି ବହୁ କାବ୍ୟ-କବିତାରେ, ସାହିତ୍ୟରେ ଅତି ମାର୍ମିକ ଭାବରେ ବର୍ଣ୍ଣିତ । ରାଧାଙ୍କ ବିଷୟରେ ମଧ୍ୟ ବୈଦିକ ସାହିତ୍ୟରେ ତଥା ହିନ୍ଦୁ ମହାକାବ୍ୟରେ ଉଲ୍ଲେଖ କରାଯାଇଛି । ପୁନଶ୍ଚ ମହାଭାରତରେ ରାଧା ନାମ୍ନୀ ଏକ ଚରିତ୍ରର ଅବତାରଣା କରାଯାଇଛି, ଯେ କର୍ଣ୍ଣଙ୍କର ପାଳିତା ମାତା ଥିଲେ । ବୈଷ୍ଣବ ଧର୍ମରେ ରାଧା ଏକ ପ୍ରମୁଖ ଦେବୀ । ଷୋଡ଼ଷ ଶତାବ୍ଦୀରେ ଭକ୍ତି ଆନ୍ଦୋଳନ ଯୁଗରେ ରାଧାକୃଷ୍ଣଙ୍କର ସ୍ୱର୍ଗୀୟ ପ୍ରେମ ଅତ୍ୟୁଚ୍ଚ ଶିଖରରେ ପଦାର୍ପଣ କରିଥିଲା । ଜୟଦେବଙ୍କ 'ଗୀତା ଗୋବିନ୍ଦ'ରେ ରାଧା ହେଉଛନ୍ତି ମୁଖ୍ୟ ଚରିତ୍ର । ପଦ୍ମ ପୁରାଣ, ବ୍ରହ୍ମ ଭୈବର୍ତ୍ତ ତଥା ଦେବୀ ଭାଗବତ ପୁରାଣରେ ମଧ୍ୟ ରାଧାଙ୍କ ବିଷୟରେ ଉଲ୍ଲେଖ କରାଯାଇଅଛି ।

ରାଧାଙ୍କର କୃଷ୍ଣଙ୍କ ସହ ସମ୍ପର୍କ ବିଷୟରେ ଭିନ୍ନ ଭିନ୍ନ ମତ ପୋଷଣ କରାଯାଇଛି । କେତେକ ତାଙ୍କର ପ୍ରେମ ସ୍ୱର୍ଗୀୟ ଥିଲା ବେଳେ ଆଉ କେତେକ ତାହା ପରକୀୟା ତଥା ଦୈହିକ ଥିଲା ବୋଲି ଅଭିହିତ କରିଅଛନ୍ତି । କିନ୍ତୁ ରାଧାକୃଷ୍ଣଙ୍କର ବିବାହ ହୋଇପାରିନାହିଁ । ରାଧା ଯେତେବେଳେ ପଚାରିଲେ କୃଷ୍ଣଙ୍କୁ - ତୁମେ ମୋତେ କିପାଇଁ ବିବାହ କରିବ ନାହିଁ ? ସେତେବେଳେ ଶ୍ରୀକୃଷ୍ଣ ଉତ୍ତର ଦେଲେ- ବିବାହ ହେଉଛି ଦୁଇଟି ଆତ୍ମାର ମିଳନ । କିନ୍ତୁ ତୁମେ ଓ ମୁଁ ଯେ ଏକ ଆତ୍ମା, ଅଭିନ୍ନ । ମୁଁ କିପରି ନିଜକୁ ନିଜେ ବିବାହ କରିବି ?

ରାଧାକୃଷ୍ଣଙ୍କ ମଧ୍ୟରେ ଥିବା ଦୁଇଟି ରସ, ସ୍ୱକୀୟ ଓ ପାରକୀୟ ମଧ୍ୟରୁ ଗୌଡ଼ିୟମାନେ ପାରକୀୟ ରସକୁ ଚିରନ୍ତନ ଆତ୍ମୀକ ପ୍ରେମର ଶ୍ରେଷ୍ଠ ନିଦର୍ଶନ ରୂପେ ବିବେଚ଼ନା କରନ୍ତି ଯେଉଁଥିରେ ରାଧା ଓ କୃଷ୍ଣ ସେମାନଙ୍କର ବିଚ୍ଛେଦ ସତ୍ତ୍ୱେ ଆତ୍ମୀକ ସ୍ତରରେ ଭାବ ବିନିମୟ କରିପାରୁଥିଲେ । ଶ୍ରୀକୃଷ୍ଣଙ୍କ ପ୍ରତି ଅନ୍ୟ ଗୋପୀମାନଙ୍କର ସ୍ୱତଃପ୍ରବୃତ୍ତ ଆଧ୍ୟାତ୍ମିକ ପ୍ରେମ ଥିଲା ଯାହା ଦୈହିକ ସ୍ତରରୁ ଊର୍ଦ୍ଧ୍ୱରେ । କେତେକଙ୍କ ମତରେ ରାଧାକୃଷ୍ଣଙ୍କ ବିବାହ ବୃନ୍ଦାବନ ଜଙ୍ଗଲରେ ଗୁପ୍ତ ଭାବେ ସମ୍ପନ୍ନ ହୋଇଥିଲା ଯାହା ଜନମାନସର ଅଗୋଚ଼ରରେ ରହିଥିଲା । ସେ ଯାହା ହେଉନା କାହିଁକି ଶ୍ରୀରାଧା ଯେ ସ୍ୱର୍ଗୀୟ ପ୍ରେମର ଏକ ଜାଜ୍ୱଲ୍ୟମାନ ଦେବୀ ତାହା ନିଃସନ୍ଦେହରେ

କୁହାଯାଇପାରେ । ପୁନଶ୍ଚ ରାଧାଙ୍କର ପ୍ରଥମେ ମୃତ୍ୟୁ ହୋଇଥିଲା ନା କୃଷ୍ଣଙ୍କର ସେ ବିଷୟରେ ମଧ୍ୟ ଦ୍ୱିମତ ରହିଛି । କିନ୍ତୁ ଶେଷ ଜୀବନରେ ରାଧାରାଣୀ ଯେ କୃଷ୍ଣଙ୍କ ବଂଶୀତାନ ଶ୍ରବଣ କରି କରି ଦେହ ତ୍ୟାଗ କରି ଶ୍ରୀକୃଷ୍ଣଙ୍କ ଆତ୍ମା ସହ ମିଳିତ ହୋଇଗଲେ ତା ଉପରେ ବହୁମତ ରହିଛି ଯାହା ମୋର ଏ ମୁଖ୍ୟ କବିତାର ଉପଜୀବ୍ୟ । ଅଧିକନ୍ତୁ ରାଧିକାଙ୍କ ବିୟୋଗ ପରେ କୃଷ୍ଣ ତାଙ୍କର ପ୍ରିୟ ବଂଶୀକୁ ଖଣ୍ଡ ଖଣ୍ଡ କରି ଭାଙ୍ଗି ଜଙ୍ଗଲକୁ ଫୋପାଡ଼ି ଦେଇଥିଲେ । ଯେତେବେଳେ ପ୍ରିୟ ସଖୀ, ହୃଦୟର ରାଣୀ ରାଧାରାଣୀ ରହିଲେନି, ଯାହାଙ୍କୁ କୃଷ୍ଣଙ୍କ ବଂଶୀସ୍ୱର ସବୁଠାରୁ ପ୍ରିୟ, ପ୍ରେମ ପାଗଳିନୀ କରିଦିଏ, ତେବେ ଏ ବଂଶୀ ରହିବ କାହିଁକି ? ରାଧାଙ୍କ ବିୟୋଗର କେତେବର୍ଷ ପରେ କୃଷ୍ଣଙ୍କ ମୃତ୍ୟୁ ହେଲା ସେ ବିଷୟରେ ବିଶେଷ ତଥ୍ୟ ନାହିଁ । କିନ୍ତୁ ଏହା ସ୍ଥିରୀକୃତ ହୋଇଛି ଯେ କୃଷ୍ଣ ଦେହତ୍ୟାଗ କରିଥିଲେ ଖ୍ରୀଷ୍ଟପୂର୍ବ ୩୧୦୨ ମସିହା ଫେବୃୟାରୀ ଅଠର ତାରିଖରେ ଯେତେବେଳେ ତାଙ୍କୁ ଶହେ ପଚିଶ ବର୍ଷ ସାତ ମାସ ଛଅଦିନ ହୋଇଥିଲା ।

କୃଷ୍ଣଙ୍କ ଶରୀରର ରଙ୍ଗ କେତେକ ଗାଢ଼ କଳା ରଙ୍ଗର ଚିତ୍ରଣ କଲାବେଳେ ଆଉ କେତେକ ନୀଳ ରଙ୍ଗର ଚିତ୍ରଣ କରିଥାନ୍ତି । କୃଷ୍ଣପକ୍ଷରେ ଜନ୍ମିତ କୃଷ୍ଣ, କୃଷ୍ଣ ରଙ୍ଗର ହେଲାବେଳେ ଶୁକ୍ଳପକ୍ଷରେ ଜନ୍ମିତା ରାଧା ଗୌରବର୍ଣ୍ଣର । ସାଧାରଣ ମାନବ ପାଇଁ କୃଷ୍ଣ କଳା ରଙ୍ଗର ଦେଖାଯାନ୍ତି କିନ୍ତୁ ପ୍ରକୃତ ଭକ୍ତମାନଙ୍କ ନିମନ୍ତେ ସେ ନୀଳରଙ୍ଗର ଆଭାରେ ପ୍ରତୀୟମାନ ହୁଅନ୍ତି, ଯାହା ତାଙ୍କ ଅନନ୍ତ ଐଶ୍ୱରୀକ ଶରୀରର ଜ୍ୟୋତି, ସାଧାରଣ ପାର୍ଥିବ ଶରୀରର ନୁହେଁ । ନୀଳ ରଙ୍ଗ ହେଉଛି ଅସୀମ, ଅମାପ, ଅନନ୍ତ, ଆକାଶ, ମହାକାଶର । ସେହିଭଳି ଦିଗନ୍ତ ବିସ୍ତାରୀ ସାଗରର ରଙ୍ଗ ମଧ୍ୟ ନୀଳ । ପରନ୍ତୁ ଦେବଦେବୀଙ୍କ ଯେଉଁ ଅରା (aura) ବା ଜ୍ୟୋତି ପରିପ୍ରକାଶ ହୁଏ ତାହା ନୀଳ ବର୍ଣ୍ଣର ଯେପରି ସରସ୍ୱତୀଙ୍କର ନୀଳ ସରସ୍ୱତୀ ରୂପେ ଏକ ରୂପ ମଧ୍ୟ ରହିଛି । ଯାହାକୁ ଆମେ କଳନା କରିପାରିପାରିବା ନାହିଁ, ଯାହା ଆମ ଜ୍ଞାତ ଶକ୍ତିର ବାହାରେ ତାହା ନୀଳ ବର୍ଣ୍ଣ ହୋଇଯିବାର ପ୍ରତୀୟମାନ ହୁଏ । ବିଶ୍ୱବ୍ରହ୍ମାଣ୍ଡର ସମସ୍ତ ଉପାଦାନର ଆଧାରର ରଙ୍ଗ ନୀଳ । ହିନ୍ଦୁ ଶାସ୍ତ୍ରରେ ମଧ୍ୟ ରାମ, ଶିବଙ୍କୁ ମଧ୍ୟ ନୀଳ ଶରୀରଧାରୀ ରୂପେ ବର୍ଣ୍ଣନା କରାଯାଇଛି, କିନ୍ତୁ ପ୍ରକୃତରେ ଏହା ହେଉଛି ସେମାନଙ୍କ ନୀଳ ଜ୍ୟୋତି ଯାହା ସେମାନଙ୍କ ଶରୀରରୁ ବିଚ୍ଛୁରିତ ହେଉଥାଏ । ବୈଜ୍ଞାନିକ ଦୃଷ୍ଟିକୋଣରୁ ଏହା ମଧ୍ୟ ପ୍ରମାଣିତ ହୋଇଛି ଯେ ଅରା ବା ଜ୍ୟୋତି ଏକ ନିର୍ଦ୍ଦିଷ୍ଟ ଶକ୍ତି (ଏନର୍ଜି) ଯାହା କୌଣସି ବସ୍ତୁର ଚାରିପଟେ ଥାଏ ଯାହା ସ୍ଥୂଳ ଭାବେ ପରିପ୍ରକାଶ ହୁଏ ନାହିଁ, ତାହା କେବଳ ସୂକ୍ଷ୍ମ ସ୍ତରରେ ଥାଏ । ଯେ ଭଗବତ୍ ପ୍ରେମରେ ପ୍ରଗାଢ଼

ଭାବରେ ନିମଗ୍ନ, ସେ କେବଳ କୃଷ୍ଣ ବା ଅନ୍ୟ ଦେବତାଙ୍କ ଏହି ନୀଳ ଜ୍ୟୋତିକୁ ଦର୍ଶନ ଲାଭ କରିପାରିବାର ସୌଭାଗ୍ୟ ଅର୍ଜନ କରିପାରେ । ଜଣେ ବ୍ୟକ୍ତି ଅତି ସୁନ୍ଦର ହୋଇପାରେ କିନ୍ତୁ ଏହି ଜ୍ୟୋତି ବିନା ସେ ଅନ୍ୟମାନଙ୍କୁ ଆକର୍ଷଣ କରିପାରେନା । କେବଳ ଏହି ନୀଳ ଜ୍ୟୋତି ହିଁ ଯେ କୌଣସି ବ୍ୟକ୍ତିକୁ ଅତ୍ୟନ୍ତ ନିବିଡ଼ ଭାବରେ ଆକୃଷ୍ଟ କରିଥାଏ । ସେଇ ଦୃଷ୍ଟିରୁ ଶ୍ରୀକୃଷ୍ଣ ସମସ୍ତଙ୍କର ଆକର୍ଷଣର କେନ୍ଦ୍ରବିନ୍ଦୁ; ଯେ କେହି ନାରୀ ତାଙ୍କ ପ୍ରତି ଆକର୍ଷିତା ହେବା ସ୍ୱାଭାବିକ । ଆଉ ରାଧିକାଙ୍କର ତାଙ୍କ ପ୍ରତି ସର୍ବାଧିକ ଆକର୍ଷଣ ଯାହା ଐଶ୍ୱରୀକ, ଆଧାତ୍ମିକ, ଅପାର୍ଥିବ ।

କେତେକଙ୍କ ମତରେ ପୁତନାର ବିଷ ଦୁଗ୍ଧ ପାନ କରି କୃଷ୍ଣଙ୍କର ଶରୀର ନୀଳବର୍ଣ୍ଣ ହୋଇଗଲା ଯେପରି ସମୁଦ୍ର ମନ୍ଥନରୁ ବାହାରିଥିବା ବିଷ ପାନ କରି ଶିବଙ୍କର କଣ୍ଠ ନୀଳବର୍ଣ୍ଣ ଧାରଣ କଲା । କିନ୍ତୁ ଅନ୍ୟ କେତେକଙ୍କ ମତରେ ପୁତନା ଅସୁରୁଣୀ ବି ବାଳୁତ କୃଷ୍ଣଙ୍କ ନୀଳ ଯାଦୁକରୀରେ ବିମୋହିତ ହୋଇ ତାଙ୍କୁ ପ୍ରେମ କରି ବସିଲା । ଯେତେ ଶତ୍ରୁ ହେଲେ ମଧ୍ୟ କୃଷ୍ଣଙ୍କ ନୀଳ ଜ୍ୟୋତିରେ ସେମାନେ ନିଜର ସମସ୍ତ ଦ୍ୱେଷ ପରିହାର କରୁଥିଲେ । ପୁନଶ୍ଚ କୃଷ୍ଣ ଯେଉଁ ମୟୂରଚୂଳ ପରିଧାନ କରୁଥିଲେ ତା'ର ରଙ୍ଗ ମଧ୍ୟ ସବୁଜବର୍ଣ୍ଣ ମଧ୍ୟରେ ନୀଳ ।

ଅନ୍ୟ ପକ୍ଷରେ ଶ୍ରୀରାଧାଙ୍କ ଶରୀର ସୁବର୍ଣ୍ଣ ରଙ୍ଗର ଯାହା ବିଜୁଳିର ଚମକ ପରି ଜାଜ୍ୱଲ୍ୟମାନ । ବର୍ଷାଦିନେ ଘନକୃଷ୍ଣ ମେଘରେ ବିଜୁଳି ବିରାଜମାନ ହେଲା ପରି ରାଧା ଶ୍ରୀକୃଷ୍ଣଙ୍କ ହୃଦୟକନ୍ଦରରେ ନିବାସ କରୁଥିଲେ । ରାଧାକୃଷ୍ଣଙ୍କ ବିଷୟରେ ଯେତେ ବାଖ୍ୟା କଲେ, ତର୍ଜମା କଲେ ବା ବର୍ଣ୍ଣନା କଲେ ମଧ୍ୟ ତାହା ଅସମ୍ପୂର୍ଣ୍ଣ ମନେହୁଏ । ରାଧାକୃଷ୍ଣଙ୍କ ପ୍ରେମ ମଧ୍ୟ ସାରା ବିଶ୍ୱରେ ସର୍ବଶ୍ରେଷ୍ଠ; ସେ ଦୁହେଁ ହେଉଛନ୍ତି ସ୍ୱର୍ଗୀୟ ପ୍ରେମର ଦେବଦେବୀ ।

କୃଷ୍ଣଙ୍କର ପ୍ରିୟ ରାଧା ଆଉ ବଂଶୀ । ତାଙ୍କର ସୁମଧୁର ବଂଶୀସ୍ୱର ହିଁ ସେମାନଙ୍କର ପ୍ରେମର ସେତୁ । ଶ୍ରୀକୃଷ୍ଣ ଶ୍ରୀରାଧାଙ୍କ ଉପରେ ମୁଁ ଯତ୍‌କିଞ୍ଚିତ ଉପସ୍ଥାପନ କରିଛି ମୋ କବିତା ମାଧ୍ୟମରେ ଯାହା ନଗଣ୍ୟ । ଏଥିରେ କୌଣସି ପ୍ରମାଦ ଥିଲେ ନିଜକୁ କ୍ଷମାପ୍ରାର୍ଥୀ ମଣୁଛି ।

ଏ ସଂକଳନର ଦ୍ୱିତୀୟ କବିତା 'ଦ୍ୱିତୀୟ ଈଶ୍ୱର' ବନସ୍ପତି ବୃକ୍ଷଲତାଙ୍କୁ ଦ୍ୱିତୀୟ ଈଶ୍ୱର ରୂପେ ଚିତ୍ରଣ କରାଯାଇ ସେମାନଙ୍କୁ ସ୍ତୁତି ଆକାରରେ ଉପସ୍ଥାପିତ କରାଯାଇଅଛି । ଉଦ୍ଭିଦ ବିନା ପ୍ରାଣୀ ଜଗତ କଳ୍ପନାତୀତ । ପ୍ରତ୍ୟକ୍ଷ ହେଉ ବା ପରୋକ୍ଷରେ ମନୁଷ୍ୟ ଓ ଅନ୍ୟ ଇତର ପ୍ରାଣୀମାନେ ବୃକ୍ଷଲତାଙ୍କ ଉପରେ ମୁଖ୍ୟତଃ ଖାଦ୍ୟ, ଅମ୍ଳଜାନ ନିମିତ୍ତ ନିର୍ଭରଶୀଳ । ପୃଥିବୀରେ ଯଦି କୌଣସି ବୃକ୍ଷଲତା ରହିବ

ନାହିଁ, ତେବେ ମାନବ ସମାଜ ସମୂଳେ ଧ୍ୱଂସ ପାଇଯିବ । ତେଣୁ ସେମାନେ ହେଉଛନ୍ତି ପ୍ରକୃତରେ ଦ୍ୱିତୀୟ ଈଶ୍ୱର । ତୃତୀୟ କବିତା 'ଅବଶୋଷ' ଶ୍ରୀକୃଷ୍ଣଙ୍କ ପ୍ରତି ଅଭିପ୍ରେତ ଓ ପରବର୍ତ୍ତୀ ତିନୋଟି କବିତାରେ ମଧ୍ୟ ଶ୍ରୀକୃଷ୍ଣଙ୍କ ଅବତାରଣା କରାଯାଇଛି । 'ମାଧବର ପୃଥିବୀ'ରେ ଆଧୁନିକ ମୋବାଇଲ ଯୁଗର ଯୁବପିଢ଼ିଙ୍କ ପ୍ରତି ଏକ ଚେତାବନୀ ଯେଉଁଥିରେ କିଛି ବ୍ୟଙ୍ଗାତ୍ମକ ଛିଟା ରହିଛି । ମହାମାରୀ କରୋନା ଉପରେ ମଧ୍ୟ ଛଅଟି କବିତା ସଂଯୋଜିତ ହୋଇଛି ଯେଉଁଥିରେ କିଛି ବୈଜ୍ଞାନିକ ଚିନ୍ତାଧାରାର ପରିସ୍ଫୁଟନ କରାଯାଇଛି । ଏହାଛଡ଼ା ଜୀବନ ଦର୍ଶନ, ସମକାଳୀନ ସାମାଜିକ ତଥା ପାରିପାର୍ଶ୍ୱିକ ଘଟଣା ପ୍ରବାହ, ମଣିଷ ଜୀବନର ଅବଶୋଷ, ଅସହାୟତା, ଆଶା ଆକାଙ୍କ୍ଷା, ଯନ୍ତ୍ରଣା, ନୈରାଶ୍ୟ, ସୁଖ ଦୁଃଖ ତଥା ଜୀବନର ଅପରାହ୍ଣରେ ଆସନ୍ନ ମୃତ୍ୟୁରେ ତରଳି ଯାଉଥିବା ସମୟ ଉପରେ ଅବତାରଣା କରାଯାଇଛି ଭିନ୍ନ ଭିନ୍ନ କବିତାମାନଙ୍କରେ ।

ଏ କବିତା ସଂକଳନର ଅଧିକାଂଶ କବିତା ଓଡ଼ିଶାର ବିଭିନ୍ନ ପତ୍ରପତ୍ରିକା ଯଥା- ଅକ୍ଷାଂଶ, ବର୍ତ୍ତିକା, ସମାରୋହ, ଗୋପବନ୍ଧୁଙ୍କ ସତ୍ୟବାଦୀ, ସୁଧନ୍ୟା, ସମୟର ଶଙ୍ଖନାଦ: କାବ୍ୟଲୋକ, ଶ୍ୱେତ ସଙ୍କେତ, ଶତଦ୍ରୁ, ସପ୍ତର୍ଷି (ସମ୍ବଲପୁର ବିଶ୍ୱବିଦ୍ୟାଳୟର ମୁଖପତ୍ର), ସହଯୋଗୀ, ଚିର ସମର୍ଥା, ଯୁଗଶ୍ରୀ ଯୁଗନାରୀ, ମନୀଷା, ବିଜ୍ଞାନ ଦିଗନ୍ତ, ସୃଜନ ସ୍ୱପ୍ନ, ନିର୍ବାଣ ତଥା ବି.ଜେ.ବି. ଫ୍ରେଣ୍ଡସ୍ ସୋଭନିର୍‌ରେ ବିଗତ ଚାରି ବର୍ଷ ମଧ୍ୟରେ ପ୍ରକାଶିତ ହୋଇଥିବାରୁ ଉକ୍ତ ପତ୍ରପତ୍ରିକାର ସମ୍ପାଦକ / ସମ୍ପାଦିକାମାନଙ୍କୁ ମୁଁ କୃତଜ୍ଞତା ଜ୍ଞାପନ କରୁଅଛି ।

ଏ ସଂକଳନର ପ୍ରସ୍ତୁତିରେ ମୋ ଧର୍ମପତ୍ନୀ ସୁଲେଖିକା ଭାନୁମତୀ ସାହୁଙ୍କ ଅକୁଣ୍ଠ ସହଯୋଗ ଓ ପ୍ରେରଣା ନିମିତ୍ତ ମୁଁ ତାଙ୍କୁ ଏ ଅବସରରେ ମୋ ହୃଦୟର ଗଭୀରତମ ପ୍ରଦେଶରୁ ଧନ୍ୟବାଦ ଅର୍ପଣ କରୁଅଛି । ମୋର ପୁତ୍ରକନ୍ୟା, ବନ୍ଧୁବାନ୍ଧବ, ଆତ୍ମୀୟସ୍ୱଜନ, ସଖା ସହୋଦରଗଣଙ୍କ ସଦିଚ୍ଛା ଯୋଗୁଁ ସେମାନେ ମୋର ଧନ୍ୟବାଦାର୍ହ । ସୁନ୍ଦର ପରିପାଟିରେ ଏହାର ପ୍ରଥମ ଆନ୍ତର୍ଜାତିକ ସଂସ୍କରଣ ପ୍ରକାଶ କରିଥିବାରୁ 'ବ୍ଲାକ୍ ଇଗଲ ବୁକ୍‌ସ' ମଧ୍ୟ ଧନ୍ୟବାଦାର୍ହ । ପୁନଶ୍ଚ ସୁନ୍ଦର ଅକ୍ଷରସଜ୍ଜା ନିମନ୍ତେ କଟକର 'ଗୁଡ୍‌ଡୁ ଡିଟିପି ଆର୍ଟ'ଙ୍କୁ ଧନ୍ୟବାଦ ଅର୍ପଣ କରୁଅଛି । ପରିଶେଷରେ ମୁଁ ଶ୍ରୀକୃଷ୍ଣ ଶ୍ରୀରାଧାଙ୍କର ଐଶ୍ୱରୀକ ଆଶିଷରୁ କାଣିଚାଏ କାମନା କରୁଅଛି ।

ଅରୁଣ ଚନ୍ଦ୍ର ସାହୁ

ଏଇ ଲେଖକଙ୍କ ପ୍ରକାଶିତ ପୁସ୍ତକ

କବିତା ସଂକଳନ:

୧. "ଶାନ୍ତି", ୟୁନିକ୍ ପବ୍ଲିଶର୍ସ, କଟକ, ୨୦୦୨

୨. "ଅନ୍ଧାରରେ ଇନ୍ଦ୍ରଧନୁ", ଅନ୍ୱେଷଣ ପ୍ରକାଶନୀ, ଭୁବନେଶ୍ୱର, ୨୦୦୭

୩. "ନଷ୍ଟ ନକ୍ଷତ୍ର", ସୁଧନ୍ୟା ପ୍ରକାଶନୀ, ଭୁବନେଶ୍ୱର, ୨୦୧୩

୪. "ଶବ୍ଦମାନଙ୍କୁ ନେଇ ସ୍ୱପ୍ନ", କାହାଣୀ, କଟକ, ୨୦୧୪

୫. "ଅଦୃଶ୍ୟ ଚିତ୍ରପଟ", ଅନ୍ୱେଷଣ ପ୍ରକାଶନୀ, ଭୁବନେଶ୍ୱର, ୨୦୧୫

୬. "The Rainbow in Darkness", ଏସ୍ଏସ୍ଡିଏନ୍ ପବ୍ଲିଶର୍ସ ଓ ଡିଷ୍ଟ୍ରିବ୍ୟୁଟର୍ସ, ନୂଆଦିଲ୍ଲୀ, ୨୦୧୪

୭. ପଞ୍ଜୁରୀର ପ୍ରଜାପତି, ପବ୍ଲିଶିଂ ହାଉସ, ଭୁବନେଶ୍ୱର, ୨୦୧୭

୮. ନିଃଶବ୍ଦ ବଂଶୀସ୍ୱନ, ବ୍ଲାକ ଇଗଲ ବୁକ୍ସ, ଆମେରିକା, ୨୦୨୧

ଗଳ୍ପ ସଂକଳନ :

୯. "ମରୀଚିକାରେ ମଣିଷଟିଏ", ନୂଆଯୁଗ, ବାଲେଶ୍ୱର, ୨୦୦୦

ଲୋକପ୍ରିୟ ବିଜ୍ଞାନ ପୁସ୍ତକ:

୧୦. "ଉପକାରୀ ଉଦ୍ଭିଦ", ଦିବ୍ୟଦୂତ ପ୍ରକାଶନୀ, କଟକ, ୨୦୦୩

୧୧. "ଉଦ୍ଭିଦମାନଙ୍କ ମଧ୍ୟରେ ଘୃଣା ଓ ପ୍ରେମ", ଜଗନ୍ନାଥ ରଥ, କଟକ, ୨୦୧୨

୧୨. "ଜିନ୍ ବିଜ୍ଞାନର ଜୟଯାତ୍ରା", ଜ୍ଞାନଯୁଗ ପବ୍ଲିକେଶନ, ଭୁବନେଶ୍ୱର, ୨୦୧୪
(ଓଡିଶା ବିଜ୍ଞାନ ଏକାଡେମୀ ପୁରସ୍କାର, ୨୦୧୫, ରାଜଧାନୀ ପୁସ୍ତକମେଳା ପୁରସ୍କାର, ୨୦୧୪ ଏବଂ କଳିଙ୍ଗ ପୁସ୍ତକମେଳା ପୁରସ୍କାର, ୨୦୧୬)

୧୩. "ମାନବ ସେବାରେ ଉଦ୍ଭିଦ", ଜ୍ଞାନ ବିଜ୍ଞାନିକା, କଟକ, ୨୦୧୫
(ଭୁବନେଶ୍ୱର ପୁସ୍ତକମେଳା ପୁରସ୍କାର, ୨୦୧୭)

୧୪. "ବିଜ୍ଞାନର ଦର୍ପଣରେ ଆଜି", ଶକ୍ତି ପବ୍ଲିଶର୍ସ, କଟକ, ୨୦୧୬

ବୈଜ୍ଞାନିକ ଉପନ୍ୟାସ:

୧୫. "ମଙ୍ଗଳ ପଥେ", କିତାବ ଭବନ, ଭୁବନେଶ୍ୱର, ୨୦୧୯

ସଂପାଦନା ପୁସ୍ତକ:

୧୬. ଦିବଂଗତ କବି ହରିହର ସାହୁଙ୍କ କବିତା ସଂକଳନ: 'ଜୀବନ ମରଣ ସଖା', ଜ୍ଞାନଯୁଗ ପବ୍ଲିକେଶନ୍, ଭୁବନେଶ୍ୱର, ୨୦୧୪

ସାଧାରଣଜ୍ଞାନ ପୁସ୍ତକ:

୧୭. "ଆଜିର ଦିବସ", ଶକ୍ତି ପବ୍ଲିଶର୍ସ, କଟକ, ୨୦୧୬

ପାଠ୍ୟ ପୁସ୍ତକ:

୧୮. "ମାଧ୍ୟମିକ ବିଜ୍ଞାନ", ଦ୍ୱିତୀୟ ଖଣ୍ଡ (ସହଲେଖକ) (ହାଇସ୍କୁଲ ଛାତ୍ରଛାତ୍ରୀମାନଙ୍କ ପାଇଁ), ୧୯୮୮

୧୯. "ସେଲ୍ଫ ଆସେସ୍ମେଣ୍ଟ ଇନ୍ ବଟାନି", ବିଦ୍ୟାପୁରୀ, କଟକ, ୧୯୯୨

୨୦. "ଏ ଟେକ୍ସଟ୍ ବୁକ୍ ଅଫ୍ ପ୍ରାକ୍ଟିକାଲ୍ ବଟାନି", ୟୁନିକ ପବ୍ଲିଶର୍ସ, କଟକ, ୨୦୦୭

କଲ୍ୟାଣୀ ପବ୍ଲିଶର୍ସ, ଲୁଧିଆନାଙ୍କ ଦ୍ୱାରା ଉଚ୍ଚ ମାଧ୍ୟମିକ (ସିବିଏସ୍ଇ / ଏନ୍ସିଇଆର୍ଟି ସିଲାବସ) ଓ ସ୍ନାତକ ଶ୍ରେଣୀ (ସିବିସିଏସ୍ ସିଲାବସ୍) ପାଇଁ ୨୦ ଖଣ୍ଡ ପାଠ୍ୟ ପୁସ୍ତକ ପ୍ରକାଶିତ ।

କବିତା କ୍ରମ

ନିଃଶବ୍ଦ ବଂଶୀସ୍ୱନ	୧୫
ଦ୍ୱିତୀୟ ଈଶ୍ୱର	୩୧
ଅବଶୋଷ	୩୫
ପିଞ୍ଜରାବନ୍ଧ	୩୭
ପଞ୍ଜୁରୀର ପକ୍ଷୀ	୩୯
ଏକେଲା ଛାଇ	୪୧
ନିଃଶବ୍ଦରେ	୪୩
ମାଧବର ପୃଥିବୀ	୪୫
ନିଜ ନିଜ ପୃଥିବୀ	୪୮
ଅନ୍ତରଙ୍ଗ ଅନୁଭବ	୫୦
ଜହ୍ନର ଜ୍ୟୋସ୍ନାରେ	୫୨
କ୍ଷତାକ୍ତ ଆକାଶ	୫୪
ତ୍ରିଶଙ୍କୁ	୫୬
ଶୂନ୍ୟତା	୫୮
ନିର୍ବିକାର ଈଶ୍ୱର	୬୦
ରକାକ୍ତ ରୋଷଣୀ	୬୨
ଅପୂର୍ଣ୍ଣତାରେ ପୂର୍ଣ୍ଣତା	୬୪
ଜଳ ଦର୍ପଣ	୬୬
ଜହ୍ନ ଓ କାଶତଣ୍ଡୀ	୬୮
ହଜିଯାଉଥିବା ଶୈଶବ	୭୦
ରୂପାନ୍ତର	୭୨
ଅଭିନୟ	୭୫
ଅଦୃଶ୍ୟ ପଞ୍ଜାରେ	୭୭
ନଈ ପହଁରା	୭୯

ଅସ୍ତ	୮୧
ସମୟର ଖେଳ	୮୪
ଅବ୍ୟକ୍ତ ସମୟ	୮୬
ମାୟାର ଚକ୍ରବ୍ୟୂହ	୮୮
ସମୟର ଝେରାବାଲିରେ	୯୦
ବାପା ଥିଲେ ବୋଲି	୯୨
ବାପାଙ୍କ ସାର୍ଟ	୯୪
ଇପ୍‌ସିତ ବିନ୍ଦୁରେ	୯୬
ଜୀବନ	୯୮
ମୋହାବିଷ୍ଟ	୯୯
ଯୁଦ୍ଧ	୧୦୧
ଆମ୍ଭା	୧୦୩
କରୋନା ଅନୁଚିନ୍ତା-୧	୧୦୫
କରୋନା ଅନୁଚିନ୍ତା-୨	୧୦୭
କରୋନା ଅନୁଚିନ୍ତା-୩	୧୦୯
କରୋନା ଅନୁଚିନ୍ତା-୪	୧୧୧
କରୋନା କବିତା	୧୧୩
ଆସିଥିଲ ଏକା ରୁଲିଯିବ ଏକା	୧୧୫
ଯବନିକା	୧୧୭
ରୋମନ୍ଥନ	୧୧୯
ଚିର ଜାଜ୍ୱଲ୍ୟମାନ ଜ୍ୟୋତିଷ୍କ	୧୨୧
ଶେଷ ନିଃଶ୍ୱାସ	୧୨୩

ନିଃଶବ୍ଦ ବଂଶୀସ୍ୱନ

॥ ଏକ ॥

ବଂଶୀସ୍ୱନର କି ସମ୍ମୋହନ !
ଆଠ ବର୍ଷର ନୀଳାଙ୍ଗ ବାଳକର
ତେର ବର୍ଷର ଗୌରୀ ବାଳିକା ପ୍ରତି କି ଆକର୍ଷଣ !
ବାଳିକାର ମଧ୍ୟ ତଦୁର୍ଦ୍ଧ ଆକର୍ଷଣ
ସେ ଆକର୍ଷଣ ଯେ ପରିବର୍ତ୍ତିତ ଗଭୀର ପ୍ରେମାକର୍ଷଣରେ
ଯାହା ଅପାର୍ଥିବ, ଶାଶ୍ୱତ, ବର୍ଣ୍ଣନାତୀତ, ଦେହାତୀତ ।

ସେ ବଂଶୀସ୍ୱନର ପ୍ରକମ୍ପନ
ବିଚ୍ଛୁରିତ ହୋଇଯାଏ ସାରା ବୃନ୍ଦାବନ
ମୋହାବିଷ୍ଟ ଗୋପାଙ୍ଗନାଗଣ
ଆପେ ଆପେ ଦୌଡ଼ନ୍ତି ଯମୁନାକୂଳକୁ
ସେ ବଂଶୀବାଦକ ପାଖକୁ
ସାର୍ଥକ କରିବାକୁ ସେମାନଙ୍କ କର୍ଣ୍ଣକୁ
ମନକୁ, ହୃଦୟକୁ
ସ୍ନାନ କରିବାକୁ ସେ ଅପାର୍ଥିବ
ପ୍ରେମର ଜଳରେ
କେହି କେବେ ଏମିତି ବଂଶୀତାନରେ
ଧରିନାହାନ୍ତି ସୁର କି କେହି କେବେ
ଶୁଣି ନାହାନ୍ତି ଏ ବଂଶୀବାଦନ ଏ ପୃଥ୍ୱୀରେ ।

ସେ ବାଳକ ପୁଣି ବୃନ୍ଦାବନ ଛାଡ଼ି
ଯୌବନରେ ମୁକୁଟ ପିନ୍ଧେ ଅନ୍ୟ ଏକ ରାଜ୍ୟର
ତା ଘରିପଟେ ପାଟରାଣୀ, ଦାସଦାସୀମାନେ
କିନ୍ତୁ ତାଙ୍କ ହୃଦୟର ରାଣୀ ଯେ ନାହାନ୍ତି,
ପାରିଷଦଙ୍କ ଭିଡ଼ ରାଜ ଦରବାରେ
ଅଥଚ୍ ତାର ମନ ଥାଏ ସେ ଗୌରୀ ପ୍ରତି
ଅନ୍ତଃପୁରେ ଅନ୍ତରରେ ସ୍ମରୁଥାଏ ତାକୁ
ସେ ଗୌରୀ ବି ଝୁରି ଝୁରି
ହୁଏ ବୟାଣୀ ଯେପରି
ଶୟନେ ସ୍ୱପନେ ଜାଗରଣେ
ସେ ଦୁହେଁ ପରସ୍ପରକୁ ଦେଖୁଥାନ୍ତି
ଆତ୍ମାର ଆଇନାରେ, ହୃଦୟର କୁଞ୍ଜବେଦୀରେ
ମିଳନ ମଣ୍ଡପରେ,
ଏମିତି ଆଉ କିଏ ହୋଇପାରନ୍ତି
ରାଧାକୃଷ୍ଣ ବିନା ଏ ସଂସାରରେ ?

।। ଦୁଇ ।।

ରାଧା ଯେ ଜଡ଼ିତ କାହ୍ନା ସହ
କାହ୍ନା ମଧ୍ୟ ରାଧା ସହ
ଯୁଗ ଯୁଗ ପାଇଁ
ରାଧା ବିନା କାହ୍ନା ଯେ ଅପୂର୍ଣ୍ଣ
କାହ୍ନା ବିନା ରାଧା ଯେ ଅପୂର୍ଣ୍ଣା
ରାଧା ସହ କାହ୍ନା ଯେ ସମ୍ପୂର୍ଣ୍ଣ ।

ମାଧ୍ୟମ ଯେ ପ୍ରେମ ବିନିୟର
ସେମାନଙ୍କ ଆତ୍ମା, ପରସ୍ପରର
ଅନାବିଳ ପ୍ରେମ ସତ୍ୟ, ଚିରନ୍ତନ
ଯାହାକୁ ଦୁହେଁ କରିଥିଲେ ଧାରଣ
ହୃଦୟ କନ୍ଦରରେ ସାରା ଜୀବନ ।

କିନ୍ତୁ ଦୁଃଖ ରହିଗଲା ଯେ
କୃଷ୍ଣ ଆଦୌ କରିପାରିଲେନି ବିବାହ ରାଧାଙ୍କୁ
ଯିଏ ତାଙ୍କର ଅତି ପ୍ରିୟ ପ୍ରେମିକା
ସ୍ୱର୍ଗୀୟ ପ୍ରେମରେ ପଡ଼ିଲା ଯବନିକା
ଯେବେ ଚାଲିଗଲେ ରାଧିକା ଶ୍ରୀକୃଷ୍ଣଙ୍କୁ କରିଦେଇ ଏକା ।

।। ତିନି ।।

କୃଷ୍ଣଙ୍କର ସବୁଠାରୁ ପ୍ରିୟ
ରାଧା ଆଉ ବଂଶୀ
ନୁହନ୍ତି ଅନ୍ୟ କେହି
ବସ୍ତୁ ବା ବ୍ୟକ୍ତି,
ବଂଶୀବାଦନର କଳା
ତାଙ୍କ ପ୍ରେମର ମେଖଳା
ଯେଉଁଥିରେ ଆହ୍ଲାଦିନୀ ସାରା ଗୋପବାଳା,
କୃଷ୍ଣ ପାଶେ ଥାଏ ସବୁବେଳେ
ତାଙ୍କର ଅତ୍ୟନ୍ତ ପ୍ରିୟ ବଂଶୀ
କେଭେଁ ଛାଡ଼ି ଯାଉ ନଥିବା ଛାଇ ପରି,
ଯାହାର ବାଦନରେ ରାଧାଙ୍କ ପ୍ରେମାଗ୍ନି
ହୋଇଯାଏ ଊର୍ଦ୍ଧ୍ୱମୁଖୀ, ସ୍ୱର୍ଗମୁଖୀ
ମାଡ଼ିଯାଏ ଦାବାନଳ ପରି ।

ନୀଳ ମୟୂରଚୂଳିଆ କୃଷ୍ଣ ଯେ
ଏକ ନୀଳ ଚୁମ୍ବକ
ଆକର୍ଷିତ କରନ୍ତି ଅନାୟସେ
ରାଧାଙ୍କୁ, ଗୋପାଙ୍ଗନାମାନଙ୍କୁ
ଯେଉଁମାନେ ମିଶିଯାଆନ୍ତି ଗୋଟାପଣେ
ତାଙ୍କ ଦିବ୍ୟ ଚେତନାରେ,
ସେ ଯେ ସେମାନଙ୍କର ପରମ ପ୍ରେମିକ ।

॥ ଋରି ॥

କୃଷ୍ଣ ଦ୍ୱାରକା ଋଲିଗଲା ପରେ
ରାଧା ଏକା ଭାରି ଏକା,
ନିରୀହ ସମୟ ତାଙ୍କର
ବିତେନା କୃଷ୍ଣ ବିନା ଗୋପପୁରେ
ସ୍ନାନ କରିବାକୁ ଯାଇ ଯମୁନାକୁ
ବସିଥାନ୍ତି ଯେ ବସିଥାନ୍ତି ତାହାରି କୂଳରେ
କ'ଣ ଗୁଡ଼େ ଏଣୁ ତେଣୁ ଚିତ୍ର ଆଙ୍କୁଥାନ୍ତି ବାଲିରେ
ପ୍ରେମର ତରଙ୍ଗକୁ ଅବଲୋକନ କରୁଥାନ୍ତି
ନିର୍ନିମେଷ ନୟନରେ ଯମୁନା ଜଳରେ
କିନ୍ତୁ ସେ ତରଙ୍ଗ ଆସ୍ତେ ଆସ୍ତେ ବଡ଼ ହୋଇ
ମିଳେଇ ଯାଏ ଯମୁନା ଦେହରେ,
ସେ ଶୁଣନ୍ତି କୃଷ୍ଣଙ୍କର ବଂଶୀସ୍ୱନ ପରମୁହୂର୍ତ୍ତରେ
ଯମୁନାର କୁଳୁ କୁଳୁ ତାନରେ,
ଚମକି ପଡୁଥାନ୍ତି ପାଣି ଧରି
ଫେରିବା ବାଟରେ
କିଏ ସତେ ଯେମିତି
ଋପି ଧରିଛି ତାଙ୍କ ଦୁଇ ନୟନକୁ
ପଛପଟୁ ଦୁଇ ହାତରେ,
ଇଏ ଆଉ ଦୁଷ୍ଟାମୀ ନୁହେଁ ତ କୃଷ୍ଣର ?
ଘରେ ପହଞ୍ଚି ଦେଖନ୍ତି ତ ଦହିହାଣ୍ଡିଶୂନ୍ୟ
ଦହିମାନେ କ'ଣ ଆଉ ବୋହିଗଲେ
କୃଷ୍ଣର ବଂଶୀସ୍ୱରରେ ନା ଯମୁନା ଜଳରେ ?

ମୁହୂର୍ତ୍ତ ମୁହୂର୍ତ୍ତ ଲାଗେ ସହସ୍ର ମୁହୂର୍ତ୍ତପରି
ଅଥଚ୍ ଦିନ ପରେ ଦିନ ବିତିଯାଏ
ଗୋପପୁରେ ବିରହ ଯନ୍ତ୍ରଣାରେ
ରାତିପରେ ରାତି ନିଭିଯାଏ
ଘନଘନ ଦୀର୍ଘନିଃଶ୍ୱାସରେ
ଦେଖନ୍ତି ରାଧା କୃଷ୍ଣଙ୍କର ବଂଶୀ ପୂର୍ଣ୍ଣମୀ ଜହ୍ନରେ
ଶୁଣନ୍ତି ଜୋଛନାରେ
ତାଙ୍କର ସୁମଧୁର ବଂଶୀସ୍ୱର ଥରକୁ ଥର
ପାନ କରିଯାଆନ୍ତି ସେ ଅମୃତର ଝର
ପ୍ରଶ୍ନ କରନ୍ତି ଅମାବାସ୍ୟାରେ
ପ୍ରଶ୍ନବାଚ୍ୀ ସପ୍ତର୍ଷିମଣ୍ଡଳକୁ
ଦେଖିଛ କି ମୋ କାହ୍ନାକୁ କେଉଁଠାରେ ?
କେମିତି ସେ ଅଛି ?
ମୋ କଥା କ'ଣ ମନେପକାଉଛି ?

ଆକାଶର ଘନକୃଷ୍ଣ ମେଘ ଦର୍ଶନରେ
ରାଧା ଦେଖୁଥିଲେ କୃଷ୍ଣଙ୍କୁ ତନ୍ମୟ ମନରେ
ମୁହୂର୍ମୁହୂ ଚେତନା ହରାଇ ଦେଉଥିଲେ ।

।। ପାଞ୍ଚ ।।

ସ୍ୱପ୍ନଭରା ସମୟ ପୁଣି ଆସି ଉଙ୍କିମାରେ
ରାଧାଙ୍କୁ ପଚାରେ-ଯିବ କି ଦ୍ୱାରକା
ତମର ସମସ୍ତ ଜଂଜାଳକୁ ଦେଇ ଜଳାଜଂଳି ?
ଆଉ କିଏ ପଚାରେ
ଶୁଷ୍କ, ମ୍ଳାନ, ଶ୍ରୀହୀନ ବୃନ୍ଦାବନକୁ ?
ଦୌଡ଼ିଲେ ରାଧା ଦ୍ୱାରକା ଏକଲୟରେ
ପହଞ୍ଚନ୍ତେ ଶୁଣନ୍ତି କାହ୍ନାର ବିବାହ
ରକୁଣୀ ଓ ସତ୍ୟଭାମାଙ୍କ ସହ
ଅଥଚ୍ ସେଥିପ୍ରତି ତାଙ୍କର ତିଳେମାତ୍ର
ନ ଥାଏ ଦୁଃଖ, ସେ ତ
ପ୍ରେମ କାଙ୍ଗାଲୁଣୀ, ପ୍ରେମର ଅଚ୍ୟୁତ ଶୃଙ୍ଗ
ଯାହାଙ୍କୁ ସ୍ପର୍ଶ କରିପାରେନା
ନିନ୍ଦା ଅପବାଦ ପ୍ରେମର କଳଙ୍କ ।

ରାଧାଙ୍କ ଦରଶନେ
କୃଷ୍ଣ ହୁଅନ୍ତି ବିମୋହିତ
ବିତାନ୍ତି ଦିବାରାତ୍ର ବାର୍ତ୍ତାଳାପେ ପ୍ରେମମଣ୍ଡିତ,
ରାଧାଙ୍କୁ କ'ଣ ଚିହ୍ନିଛି ଦ୍ୱାରକାନଗରୀ
ସେ ତ ସେଠି ଏକ ଅଜଣା ଅଶୁଣା ନାରୀ
ରାଧାଙ୍କ ବିନତି - ମୋତେ ରଖ
ଏ ରାଜପ୍ରାସାଦେ ଦେବୀକା କରି ।

।। ଛଅ ।।

ଦିନଟାଏ କାଟିବାକୁ ସେ ରାଜପ୍ରାସାଦେ
ରାଧାଙ୍କୁ ଲାଗେ ବହୁଦିନ ପରି
କାହ୍ନାର ଦରଶନ ପାଇଁ
ଅପେକ୍ଷା କରିଥାନ୍ତି ସୁଯୋଗକୁ
ସେ ସୁଯୋଗକୁ ସଦ୍‌ବ୍ୟବହାର କରିବାକୁ
କେଭେ ପଛଘୁଞ୍ଚା ଦିଅନ୍ତିନି
କାହ୍ନା ସହ ସଂଗସୁଖେ, ବାର୍ତ୍ତାଳାପେ
ପୁଣି ହୋଇଯାଆନ୍ତି ପ୍ରେମ କାଙ୍ଗାଳୁଣୀ ।

ଅଥଚ୍ ସେ କରନ୍ତି ଏକ ତୀବ୍ର ଅନୁଭବ
ସ୍ୱର୍ଗୀୟ ପ୍ରେମରେ ଲାଗିଛି ଯେପରି
ଏକ ଅଦୃଶ୍ୟ ପରାଗ
କାହ୍ନା ଯେପରି ଆଉ ନାହିଁ ପୂର୍ବପରି
କୁଆଡ଼େ ଗଲା ସେ ଯମୁନାତଟର
ଅପୂର୍ବ, ଆତ୍ମୀକ, ଅନିର୍ବଚ଼ନୀୟ
ବଂଶୀର ସମ୍ମୋହନ ସ୍ୱର !
କୁଆଡ଼େ ଗଲା ତାଙ୍କ ଶରୀରର
ଦିବ୍ୟ ନୀଳରଙ୍ଗର ଜ୍ୟୋତି
ଯାହା ବିଚ୍ଛୁରିତ ହୁଏ ତାଙ୍କ ଚିରନ୍ତନ
ଐଶ୍ୱରୀକ ଶରୀରରୁ ?

ସେ ସ୍ୱର୍ଗୀୟ ରୂପକୁ
ରାଧା କେବଳ ଦେଖନ୍ତି
ତାଙ୍କର ଦିବ୍ୟ ନୟନରେ
ଅଥଚ୍ ଅନ୍ୟମାନଙ୍କ ଆଗରେ
କୃଷ୍ଣ ଯେ କୃଷ୍ଣ ଗାଢ଼ ତାଙ୍କ ଶରୀରର ରଙ୍ଗ
ସେମାନଙ୍କ ପାଖରେ କାହିଁ ଯେ ଭକ୍ତିର ରସ
ଦର୍ଶନ କରିବାକୁ
କୃଷ୍ଣଙ୍କର ଏ ଅପରୂପ ରୂପ !
ଯାହା ଅନନ୍ତ, ଅମାପ, ଅସୀମତାର ସ୍ୱରୂପ,
ଯେମିତି ଏ ପାର୍ଥିବ ଚକ୍ଷୁକୁ
ମେଘମୁକ୍ତ ଗ୍ରୀଷ୍ମର ଆକାଶ ଦେଖାଯାଏ ନୀଳ ।

।। ସାତ ।।

ରାଧାଙ୍କ ହୃଦୟେ ଆସେ ଭଙ୍ଗା
ଦୃଢ ନିଶ୍ଚିତ ହୁଅନ୍ତି ସେ
ଆଉ ରହିବେନି ଏ ରାଜପ୍ରାସାଦେ
ଦୂର ଦୂରାନ୍ତର କରିବେ ଗମନ
ଏକ ଗଭୀର ଆତ୍ମୀକ ସମ୍ବନ୍ଧ
କରିବାକୁ ସ୍ଥାପନ
ଶ୍ରୀକୃଷ୍ଣ ସହ ଅବଶିଷ୍ଟ ଜୀବନ ।

କେଉଁଠିକୁ ଯାଉଛନ୍ତି ରାଧା ଜାଣି ପାରନ୍ତିନି
ଯେପରି ସେ ହୋଇଯାଇଅଛନ୍ତି ବାୟାଣୀ
ଜୀବନର ଶେଷ ସମୟରେ
ସେ ଖୁବ୍ ଏକାନ୍ତ, ଏକାକିନୀ
ଆସ୍ତେ ଆସ୍ତେ ତରଳିଯାଉଥାଏ ମୁହୂର୍ତ୍ତମାନ
ଯମୁନାର କୂଳ କଦମ୍ବର ଡାଳ
କେବଳ ତାଙ୍କର ସାଥୀ ସହୋଦର
ଦିନକୁ ଦିନ ଅବଶ ହୁଅଇ ନଶ୍ୱର ଶରୀର ।

ଆକାଶଟା ଲାଗେ ଧୀରେ ଧୀରେ
ଯାଉଛି ଉଭେଇ, ତା ଦେହର ନୀଳବର୍ଣ୍ଣ ସବୁ
ଶେତା ପଡ଼ି ଆସିଲାଣି,

ପୂର୍ଣ୍ଣମୀର ଜହ୍ନ ଲାଗେ
ଖୁବ୍ ଏକୁଟିଆ, ଭାରି ଏକୁଟିଆ
ତା ଆଖିରେ ଲୁହଟୋପାମାନ ଜକେଇ ଗଲାଣି
ତାର ଶୀତଳ ଜୋଛନା ଗରମ ଲାଗିଲାଣି
ଖରାଦିନର ଗରମ ପବନ ପରି
ତାରାମାନେ ଆଉ ଗପ କରନ୍ତିନି ମେଳି ବାନ୍ଧି
ଅମାବାସ୍ୟାର ମୌନ ଆକାଶରେ ।

କାନ୍ଦୁଥାଏ କଇଁ କଇଁ କେଉଁ ଦୂର ପାହାଡ଼
ନିକାଞ୍ଚନ ଦିପହରରେ
ହଠାତ୍ କିର୍‌କିରା ଶବ୍ଦରେ
ପକ୍ଷୀମାନେ ମୁହଁମାଡ଼ି ତଳେ ପଡ଼ିଯାନ୍ତି
ଅକାମୀ ହୋଇଯାଆନ୍ତି ସ୍ମୃତିସବୁ
ଅଦୃଶ୍ୟ ଅନ୍ଧାରରେ
ସାଇତିଥିବା ସ୍ୱପ୍ନ ସବୁ ଭାଙ୍ଗିରୁଜି
ହୋଇଯାଆନ୍ତି ଚୁର୍‌ମାର କାହ୍ନାଙ୍କ ଅନୁପସ୍ଥିତିରେ ।

ହାଡ଼ମାନେ ଶବ୍ଦ କଲେଣି କଟ୍ କଟ୍
ତା' ଉପରେ ଥିବା ନିସ୍ତେଜ ମାଂସମାନଙ୍କର
ଶୁଖିଗଲାଣି ରକ୍ତ, ପଡ଼ିଗଲେଣି କଳାକାଠ
ସେମାନଙ୍କୁ ଆବୋରି ରହିଥିବା ଚମ
କୁଞ୍ଚୁକୁଞ୍ଚିଆ ହୋଇ ଆଙ୍କି ବସିଲେଣି କାହ୍ନାଙ୍କ ଚିତ୍ରପଟ

ଏ ସବୁ ଦିନେ ବହୁତ ସୁନ୍ଦର ଥିବା ଅବୟବ
ସମୟର କରାଘାତରେ ଆଜି ମ୍ଳାନ
ଆଉ ଦରକାର ନାହିଁ ରାଧାଙ୍କର
ସେ ତାଙ୍କୁ ଉତ୍ତାରିଦେଇ କରୁଛନ୍ତି କାହ୍ନାକୁ ସମର୍ପଣ ।

ଅତୀତ, ବର୍ତ୍ତମାନ ଓ ଭବିଷ୍ୟତ ରାଧାଙ୍କର
ଗୁନ୍ଥା ହୋଇଛି ଯେପରି କୃଷ୍ଣଙ୍କ ସହ
ଅନାଦି କାଳରୁ ଯାହା ତାଙ୍କୁ ହିଁ ଗୋଚ଼ର ।

ରାଧାରାଣୀଙ୍କ ଆଶା
ନିଶ୍ଚେ ଦିନେ ଆସିବେ ଶ୍ରୀକୃଷ୍ଣ
ତାଙ୍କ ଜୀବନର ଜୀବନ, ଜୀବନ ଧନ
ଅପେକ୍ଷା କରିଛନ୍ତି କେବେ ତାଙ୍କର
ଆଶା ହେବ ପୂର୍ଣ୍ଣ ।

।। ଆଠ ।।

ହଠାତ୍ ଦିନେ ଉଭା ହେଲେ
ସେଇ ବଇଁଶୀ ନାଗର ରାଧାଙ୍କ ସାମ୍‌ନାରେ
ମାଗୁଛନ୍ତି କିଛି ତାଙ୍କଠାରୁ
ରାଧା କିନ୍ତୁ ନିରୁତ୍ତରତା ଭିତରେ
ଜଣାଇଲେ ନିଜ ଅସମ୍ମତି
କୃଷ୍ଣଙ୍କର ପୁଣି ବିନତି
ରାଧା ଶେଷେ ଇଚ୍ଛିଲେ ତାଙ୍କ ମୁହଁକୁ ଚାହିଁ
କାହ୍ନା ବଜାନ୍ତୁ ବଂଶୀ ଶେଷ ଥର ପାଇଁ ।

କୃଷ୍ଣ କାଢ଼ିଲେ ତାଙ୍କ ପ୍ରିୟ ବଂଶୀ
ବଜାଇଲେ ଅତି ସନ୍ତ୍ରମେ
ସ୍ୱର୍ଗୀୟ ରାଗର ତାଳେ ତାଳେ
ଯାହା ଝଙ୍କୃତ କରୁଥିଲା ସମାଗରା ଧରା
ସ୍ତମ୍ଭୀତ ପଶୁପକ୍ଷୀ ମାନବ, ଦାନବ
ଦିବାରାତ୍ରି କରି ଚାଲିଲେ ବଂଶୀର ବାଦନ
ଯେଉଁଥିରେ ଭରି ରହିଥିଲା
ଭିନ୍ନ ଏକ ବିଷାଦ ରାଗିଣୀର ସ୍ପନ୍ଦନ

ସେ ବଂଶୀସ୍ୱରେ ଆହ୍ଲାଦିନୀ ରାଧାରାଣୀ
ଶ୍ରବଣ କରି କରି ସେ ଅମୃତ ବଂଶୀସ୍ୱର
ଛାଡ଼ିଦେଲେ ପଞ୍ଚମହାଭୂତର ନଶ୍ୱର ଶରୀର
ତାଙ୍କ ପ୍ରାଣପକ୍ଷୀ ଉଡ଼ି ଉଡ଼ି ଯାଇ
ମିଳିତ ହୋଇଗଲା କୃଷ୍ଣଙ୍କ ଅଦୃଶ୍ୟ ଆତ୍ମାରେ
ସବୁଦିନ ପାଇଁ
ଅନ୍ତିମ ଅଧ୍ୟାୟ ଏ ସ୍ୱର୍ଗୀୟ ପ୍ରେମର
ଚିର ଜାଜ୍ୱଲ୍ୟମାନ ହୋଇ ରହିବ
ଅସରନ୍ତି ସମୟର ।

॥ ନଅ ॥

କୃଷ୍ଣ ଆଉ କରିପାରିଲେନି ସହ୍ୟ
ତାଙ୍କ ହୃଦୟର ରାଣୀ ରାଧାଙ୍କ ବିୟୋଗ
ପ୍ରିୟ ରାଧା ତ ରହିଲା ନାହିଁ
ଆଉ କାହିଁକି ରହିବ ଏ ବଂଶୀ ?
ଖଣ୍ଡ ଖଣ୍ଡ କରି ଭାଙ୍ଗିଦେଲେ ସେ ବଂଶୀକୁ
ଫିଙ୍ଗିଦେଲେ ଜଙ୍ଗଲର ଗୁଳ୍ମବୁଦାକୁ
ବିଳପି ଉଠିଲା କୃଷ୍ଣଙ୍କର ପ୍ରିୟ ବଂଶୀ
ତାର ପ୍ରଭୂ କୃଷ୍ଣଙ୍କ ଛିନ୍ନ ସାନ୍ନିଧରେ
- କ'ଣ ମୋର ଦୋଷ ପ୍ରଭୂ
କିମ୍ପାଇଁ ମୋତେ କରିଲ ବର୍ଜନ ?
ମୁଁ କ'ଣ ଆଉ ପାରିବି ଜୀଇଁ ତୁମ ବିନା
ରାଧା ବିନା କୃଷ୍ଣ ଯେମିତି ରହିପାରେନା
କୃଷ୍ଣ ବିନା ସେମିତି ବଂଶୀ ଯେ ରହିପାରେନା
ଆଜି ଏ ଗୁଳ୍ମମୂଳେ ମୁଁ କରୁଛି
ମୋ ଜୀବନ ବିସର୍ଜନ ।

ସେ ଗୁଳ୍ମ ଖୁସିରେ ଗଦ୍ ଗଦ୍ ହୋଇ କହିଲା -
ହେ ପ୍ରଭୂ, ମୋ ଜୀବନ ହେଲା ଧନ୍ୟ
ଲାଭ କରି ତୁମ ସାନିଧ ଲାଭ କରିଥିବା
ବଂଶୀର ଭଗ୍ନାଂଶ ।

କୃଷ୍ଣ କରିଲେ ପ୍ରତିଜ୍ଞା
ସେ କେବେ ଆଉ ବଜାଇବେ ନାହିଁ
ବଂଶୀ ଅବା ଅନ୍ୟ ବାଦ୍ୟଯନ୍ତ୍ର
ତାଙ୍କର ମୃତ୍ୟୁ ପର୍ଯ୍ୟନ୍ତ,
ଛତିଶି ବର୍ଷ ପରେ ମହାଭାରତ ଯୁଦ୍ଧର
କୃଷ୍ଣଙ୍କୁ କଲା ଶରବିଦ୍ଧ ଜାରା ଶବର
ଯିଏ ଭାବିଲା ଶୟନରତ କୃଷ୍ଣଙ୍କ ପଦକୁ
ଏକ କର୍ଣ୍ଣ ବୋଲି ମୃଗର
ଅବଶ୍ୟ କୃଷ୍ଣ ଦେଇଥିଲେ କ୍ଷମା ତାକୁ
ଶେଷେ କରିଲେ ଦେହତ୍ୟାଗ
ଏ ମର ସଂସାରରୁ
ଶହେ ପଚିଶ ବର୍ଷ କରି ଭୋଗ ।

ହୋଇଗଲା ଏ ସଂସାରରୁ ଅନ୍ତର୍ଦ୍ଧାନ
ଏକ ଅନନ୍ୟ ସ୍ୱର୍ଗୀୟ ପ୍ରେମର ଶେଷ ଚିହ୍ନ
ଆଉ ଏ ପୃଥ୍ୱୀରେ ହେବ ନାହିଁ ଶ୍ରବଣ
ସେ ଦୁର୍ଲଭ ଚୁମ୍ବକୀୟ ବଂଶୀସ୍ୱନ
ରାଧାରାଣୀ କାହାନ୍ତି ଯେ ଆଉ କରିବେ ଅଳି :
ହେ କାହ୍ନା !
ଆଉ ଥରେ ବଜାଅ ସେ
ଅତୀତକୁ ଦେଇଥିବା ମୁରଲୀ
ଆଖି ମୁଦି ମୁଦି ଶୁଣି ଶୁଣି ପୁଣି
ସେଇ ବଂଶୀଧ୍ୱନି
ହେବି ମୁହିଁ ଆଉ ଥରେ ପ୍ରେମ ପାଗଳିନୀ ॥

■

ଦ୍ୱିତୀୟ ଈଶ୍ୱର

ହେ ବନସ୍ପତିଗଣ !
ତୁମ୍ଭେମାନେ ହିଁ ଶକ୍ତି, ତୁମ୍ଭେମାନେ ହିଁ ମୁକ୍ତି
ତୁମ୍ଭେମାନେ ହିଁ ଖାଦ୍ୟ ପ୍ରାଣ, ତୁମ୍ଭେମାନେ ହିଁ ଅମ୍ଳଜାନ
ତୁମ୍ଭେମାନେ ହିଁ ଆମ୍ଭମାନଙ୍କର ହର୍ତ୍ତାକର୍ତ୍ତା, ତ୍ରାଣକର୍ତ୍ତା,
ଦଇବବିଧାତା
ଆମ୍ଭମାନଙ୍କର ଉଦୟ ଓ ଅସ୍ତ
ଉତ୍‌ଥାନ ଓ ପତନ, ଜନ୍ମ ଓ ମରଣ
ସ୍ୱର୍ଗ ଓ ନର୍କ, ଅମୃତ ଫଳ ଓ ମହାକାଳ ଫଳ
ଅବିନଶ୍ୱର, ଅପ୍ରମେୟ ଓ ପ୍ରମେୟ
ପ୍ରକୃତିର ଚରମ ପରିପ୍ରକାଶ
ନରମ ଓ କଠିଣ, ତୁଳା ପରି କୋମଳ
ବଜ୍ର ପରି ଶକ୍ତ ଓ ମେଘ ପରି ଭାସମାନ
ଗିରି ପରି ଗମ୍ଭୀର, ହିମାଳୟ ପରି ଶୀର୍ଷାୟନ ।

ହେ ବନସ୍ପତିଗଣ !
ତୁମ୍ଭେମାନେ ସମୁଦ୍ରର ଅତଳ ଗର୍ଭରେ ବି ଦେଦୀପ୍ୟମାନ
ମରୁଭୂମିର ପ୍ରଚଣ୍ଡ ଉତ୍ତାପରେ ବି ଶୀତଳ
ସୁମେରୁ ଓ କୁମେରୁର ଭୟଙ୍କର ଶୀତଳତାରେ ବି ଅଗ୍ନି ଶିଖା
ଜଳାର୍ଣ୍ଣବରେ ବି ଜୀବନ୍ତ ବଟପତ୍ର
ଯା ଉପରେ ଉପବେଶନ ଅଦୃଶ୍ୟ କରିତ୍‌କର୍ମା
ଏ ବିଶ୍ୱର, ଏ ବିଶ୍ୱବ୍ରହ୍ମାଣ୍ଡର
ତୁମ୍ଭମାନଙ୍କ ପଦତଳେ ଆମ୍ଭର
କୋଟି କୋଟି ସଷ୍ଟାଙ୍ଗ ପ୍ରତିପାତ,
କୋଟି କୋଟି ନମସ୍କାର ।

ହେ ଆମ୍ଭର ପୂର୍ବପୁରୁଷ କୋଟି କୋଟି ବର୍ଷ ପୂର୍ବର !
ତୁମ୍ଭ ବିନା ଆମ୍ଭର ଏ ଶରୀର ଶୂନ୍ୟ, ମହାଶୂନ୍ୟ
ହେ ଆମ୍ଭମାନଙ୍କର ଜୀବନଦାତା, ଜିନ୍‌ଦାତା,
ପରୋକ୍ଷରେ ରକ୍ତଦାତା
ଗୁଣ ଅବିଗୁଣର ମୂଳକାରଣ
ତୁମ୍ଭମାନଙ୍କର କୀର୍ତ୍ତିଗାନ ଯେତେ କଲେ ମଧ୍ୟ ନଗଣ୍ୟ ।

ତୁମ୍ଭେମାନେ ହିଁ ଆମ୍ଭର ଅନ୍ନ ଓ ଭୋଜନ
ବାସସ୍ଥାନ ଓ ଆବରଣ,
ଯେତେ ଯେତେ ଅନନ୍ୟ ଭାସ୍କର୍ଯ୍ୟ
ଦାରୁବ୍ରହ୍ମ, ଅନୁପମ ଚିତ୍ରକଳା ଓ
କୋଟିକମ କାରୁକାର୍ଯ୍ୟ
ଯେତେ ଯେତେ ଚିନ୍ତନ ଓ ମନନ
ତୁମ୍ଭେମାନେ ଜୀବନର ରଙ୍ଗ ଓ ବେରଙ୍ଗ
ବାଇଗଣୀ, ସବୁଜ, ନୀଳ, ଘନନୀଳ, ନାରଙ୍ଗ
ପୀତ ଓ ଲୋହିତ
ସମସ୍ତ ରଂଗର ସମଷ୍ଟିରେ ତୁମ୍ଭେମାନେ ହିଁ ଶ୍ୱେତ
ଓ ଅନୁପସ୍ଥିତିରେ କୃଷ୍ଣ, ଆବିର୍ଭାବ କୃଷ୍ଣଗର୍ତ୍ତର
ତୁମ୍ଭେମାନେ ହିଁ ଫଳ ପୁଷ୍ପ ପତ୍ରର ଗନ୍ତାଘର ।

ତୁମ୍ଭେମାନେ ହିଁ ଶାନ୍ତି, ମୈତ୍ରୀ, ପ୍ରୀତି
ବଂଧୁ, ସଖାସହୋଦର
ତୁମ୍ଭେମାନେ ହିଁ ସମସ୍ତ ଦେବାଧିଦେବ
ଶତ୍ରୁମିତ୍ର ସମସ୍ତେ ଆପାଣାର
ଈର୍ଷା ଦ୍ୱେଷ, ପରଶ୍ରୀକାତରତା ରହିତ
ପ୍ରକୃତିରାଣୀର ଆତ୍ମା, ପରମାତ୍ମା
ସମସ୍ତ ଗୁଣରେ ମଣ୍ଡିତ, ଜାଜୁଲ୍ୟମାନ
ପ୍ରତିଟି ଅଣୁ ପରମାଣୁ ତେଜୋଦୀପ୍ତ, କଣିକା ସୁଶୋଭିତ
ତୁମ୍ଭମାନଙ୍କର ଅବର୍ତ୍ତମାନରେ ପୃଥ୍ୱୀ ହେବ ଉଚ୍ଛନ୍ନ
ଫାଟିଯିବ ମେଦିନୀ, ଜଳିଯିବ ଆକାଶ
ଉଭୟ ମେରୁରୁ ଭାସିଆସିବ ଭୟଙ୍କର ବରଫଖଣ୍ଡମାନ
ସସାଗରା ଧରା ହୋଇଯିବ ଏକାକାର
ଭାସୁଥିବ ପୃଥ୍ୱୀ ପ୍ରଳୟ ପୟୋଧି ଜଳେ
ଏକ ବର୍ତ୍ତୁଳ ନିଃସହାୟ, ଅସହାୟ, କିଙ୍କର
କିମ୍ଭୂତକିମାକାର ମୃତପିଣ୍ଡରେ ।

ଅବଶ୍ୟ ପ୍ରଳୟ ପରେ ପୁଣି ଥରେ
ସୃଷ୍ଟି ହେବ ଏକ ନୂତନ ସର୍ଜନାରେ
ଜନ୍ମ ନେବ ସମୟ ମହାଶୂନ୍ୟର ଏନ୍ତୁଡ଼ିଶାଳରେ
କ୍ଷୁଦ୍ରାତିକ୍ଷୁଦ୍ର ଅଦୃଶ୍ୟ ଏକ କଣିକା ରୂପରେ
ଯେଉଁଥିରୁ ତୁମ୍ଭମାନଙ୍କର ପୁଣି ଥରେ ହେବ ଆବିର୍ଭାବ
ଓ ତା'ପରେ ଆମ୍ଭମାନଙ୍କର ।

ତେଣୁ ହେ ବନସ୍ପତିଗଣ,
ତୁମ୍ଭମାନଙ୍କୁ କରୁଛୁ ଅନ୍ତରରେ ଆବାହନ
ତିଷ୍ଠି ଥାଅ ତୁମ୍ଭେମାନେ ଅନନ୍ତ କାଳ ଯାଏଁ
ଆମ୍ଭମାନଙ୍କର ଅସ୍ତିତ୍ୱକୁ ବଜାୟ ରଖିବାରେ
ତୁମ୍ଭେମାନେ ହିଁ ଏକମାତ୍ର କାରଣ
ତୁମ୍ଭେମାନେ ହିଁ ପ୍ରକୃତରେ
ଆମ୍ଭମାନଙ୍କର ଦ୍ୱିତୀୟ ଈଶ୍ୱର
ତୁମ୍ଭମାନଙ୍କୁ ପୁଣିଥରେ କୋଟି କୋଟି ନମସ୍କାର ॥

ଅବଶୋଷ

ଭୁଲ ହୋଇଗଲା
ଦେଇପାରିଲି ନାହିଁ
ନୀଳ କୃଷ୍ଣଙ୍କ ପାଦ ପଦ୍ମରେ ନୀଳ କଇଁ
ଯାହା ମୋ ପଙ୍କପୁଷ୍କରିଣୀରେ
ଫୁଟିଥିଲା ବର୍ଷ ବର୍ଷ ଧରି
ମୋ ହୃଦୟ ଯେ ହୋଇଯାଉଛି ଚିରି ।

ଜନ୍ମ ଜନ୍ମାନ୍ତର ଚାଲିଗଲା
ଖାଲି ତାଙ୍କ କଥା ଭାବି ଭାବି
କାଳେ ବିସ୍ମରି ଯିବି ବୋଲି
ତାଙ୍କ ନୀଳ ଶ୍ରୀମୁଖ
ଯାହା ଅନ୍ୟମାନଙ୍କୁ ଦିଶୁଥାଏ
ଘନକୃଷ୍ଣ ମେଘ ପରି,
ମୋ ଆଖିକୁ ରଖିଲି ଖୋଲା ଅହର୍ନିଶ
ମନେ ମନେ ହେଜି ହେଜି
ତାଙ୍କ ମୟୂରଚୂଳିଆ ମୁଖ ।

ମୋର ଅବା କାହିଁ ଯେ
ସେ ଦିବ୍ୟଚକ୍ଷୁ ଦେଖିବାକୁ
ତାଙ୍କର ଅନନ୍ୟ ବିଶ୍ୱରୂପ
ସେ କ'ଣ ଖାଇ ମୋହ ମାଟି
ଦେଖଉଛନ୍ତି ପ୍ରକମ୍ପିତ ପାଟି
କ୍ରୋଧିତା ଯଶୋଦାଙ୍କୁ ?

ଏବେ ମୋ ମ୍ଲାନ ପୁଷ୍କରିଣୀରେ
ଆଉ ଫୁଟୁନି ନୀଳ କଇଁ
କେମିତି ଦେବି ତାଙ୍କୁ
ଭାବିପାରୁନାହିଁ,
ଯା' ଭିତରେ ଯେ ଯୁଗ ଯୁଗ ବିତିଗଲାଣି
ନୀଳ କଇଁର ରହିଗଲା ଅବଶୋଷ
ସମସ୍ତ ସମୟ ଯେ ହୋଇଗଲା ଶେଷ
ଆଉ ଲିତାଏ ସମୟ ବି ରହିଲାନି
ନିରିମାଖୀ ନୀଳ କଇଁ ପାଇଁ ॥

■

ପିଞ୍ଜରାବଦ୍ଧ

॥ ଏକ ॥

ମୁଁ ଏକ ପିଞ୍ଜରାବଦ୍ଧ ହିଂସ୍ର ଜନ୍ତୁ
ସିଂହ ଅବା ବ୍ୟାଘ୍ର ।

ହିଂସ୍ରତା ମୋର ଆଭୂଷଣ
ସୁବର୍ଣ୍ଣ ମୁକୁଟ
ତା'ର ବିନା ନାହିଁ ମୋର ଚିହ୍ନବର୍ଣ୍ଣ
ଖୁଉବ୍ ଶ୍ରୀହୀନ, ବଳବୀର୍ଯହୀନ ।
ମୋର ଆବିଳତାବିହୀନ ଆଦିମ ଗର୍ଜନ
କୋଶ କୋଶ ଦୂର କରେ ପ୍ରକମ୍ପନ
ମୋର କ୍ରୋଧିତ ଅଭିନୟ ଦେଖିବା ପାଇଁ
ରୁଣ୍ଡ ହୁଅନ୍ତି ସହସ୍ର ଜନ
ପୁନଶ୍ଚ କରିବାକୁ ଅବଲୋକନ
ମୋର ଭୀମରୂପ, ପ୍ରାକୃତିକ ସ୍ପନ୍ଦନ
ଆସନ୍ତି ପ୍ରକୃତିପ୍ରେମୀ ଦୂରୁ ଯୋଜନ ଯୋଜନ ।

।। ଦୁଇ ।।

ମୁଁ ଏକ ପିଞ୍ଜରାବଦ୍ଧ ମଣିଷ
ହାତଗୋଡ଼ରେ ପୁଣି ଜଞ୍ଜିର
ମୁଁ କୁଆଡ଼େ ଏକ ଦୁର୍ଦ୍ଦାନ୍ତ ଅପରାଧୀ
ଚାଲିଛି ବର୍ଷ ବର୍ଷ ଧରି ବିଚାର ମୋର
ଦରବାରେ ଆଇନର ।

ମୁଁ ଭ୍ରୂକ୍ଷେପ କରେନି ବିଳମ୍ବିତ ରାୟକୁ
ଯାହା ମୁଁ କରିଛି ଠିକ୍ କରିଛି
ଅନ୍ୟାୟ, ଅତ୍ୟାଚାର, ବ୍ୟଭିଚାର, ଅନୀତି, ଦୁର୍ନୀତିର
ଯଦି ମୁଁ କରିଛି ହତ୍ୟା
ତେବେ ମୁଁ କ'ଣ ଦୋଷୀ ?
ହେ କୃଷ୍ଣ, ବିପଦଭଞ୍ଜନ !
ତମେ ମୋର ବିଚାର କର
ଦରବାରରେ ତମର ।।

■

ପଞ୍ଜୁରୀର ପକ୍ଷୀ

ଏ ସୀମିତ ଲୁହାର ଇଲାକାରେ
ସ୍ୱାଧୀନତା ମୋର ସମ୍ପୂର୍ଣ୍ଣ ବିପନ୍ନ ।

ନୀଳ ଆକାଶର ହରରଙ୍ଗୀ ମେଘ ମୋର ସ୍ୱପ୍ନ
ଗଛବୃଛଙ୍କ ସବୁଜିମାର ଆସ୍ତରଣ
ପତ୍ର, ଫୁଲ, ଫଳଙ୍କ ଅକୃତିମ ସ୍ନେହ ପ୍ରେମ
ଏଠି ମୋର ଦୁର୍ଲଭ, ଅଲଭ୍ୟ,
ଯେତେ ଯେତେ କ୍ଷୀର, ବିଦେଶୀ ଫଳ
ଦେଲେ ମଧ୍ୟ ମିନେରାଲ ଜଳ
ମାନୁଛି ମନ କ'ଣ ମୋର !

ସତରେ ମୋର ସୌନ୍ଦର୍ଯ୍ୟ
ମୋର ଶତ୍ରୁ,
ମୋର କୋକିଳ କଣ୍ଠ
ମୋର ବୈରୀ,
ମୋର ନିରୀହତା
ମୋର ବିଫଳତା ।

ମୁଁ ପୁଣି ହେଉଛି ନେହୁରା
ଗ୍ରହଗ୍ରସ୍ତ ମୋ କାକଳିରେ
ହେ ଶ୍ରୀକୃଷ୍ଣ ମୁରଲୀମୋହନ !
ଆସ ଥରେ ମୋ ପାଶକୁ
ମୋଚନ କରିବାକୁ ମୋର ଦୁର୍ଦ୍ଦିନ
ତୁମ୍ଭେ ତ ପୁଣି ରକ୍ଷା କରିଥିଲ
ଘଣ୍ଟ ଘୋଡ଼େଇ ପକ୍ଷୀର ଜୀବନ
କୁରୁକ୍ଷେତ୍ରର ରଣକ୍ଷେତ୍ରରେ
ତୁମ୍ଭଙ୍କୁ ଅବା ଅଗୋଚର କ'ଣ ? ॥

■

ଏକେଲା ଛାଇ

ମୁଁ ତ ଅପରାହ୍ଣର
ଏକ ଏକେଲା ଛାଇ
ଯାହା ଲମ୍ବୁଅଛି ଆସ୍ତେ ଆସ୍ତେ
ଦିଗ୍‌ବଳୟକୁ ଛୁଇଁବା ପାଇଁ ।

ଅଥଚ ମୁଁ କ'ଣ
ଏକା ନିଃଶ୍ୱାସରେ ଦୌଡୁଅଛି
ଖାଲଖମା ନ ମାନି
ରାଧାପାଦ ଛୁଇଁବା ପାଇଁ
ଶ୍ରୀକୃଷ୍ଣଙ୍କ ବଂଶୀସ୍ୱନ ଶୁଣିବା ପାଇଁ
ତାଙ୍କ ଅପରୂପ ନୀଳ ଜ୍ୟୋତିର ଦର୍ଶନ ପାଇଁ
କିନ୍ତୁ ମୋର ସେ ପ୍ରଗାଢ ଭକ୍ତି
ଦିବ୍ୟଦୃଷ୍ଟି ଲାଭ କରିବାର ସୌଭାଗ୍ୟ କାହିଁ ?

କେତେ କେତେ ଦୁଃର୍ଭାଗ୍ୟର
ସାମନା କରି କରି
କଣ୍ଟକିତ ପଥରେ ଲହୁ ଓ ଲୁହକୁ ପିଇ ପିଇ
ଜୀବନର ଯନ୍ତ୍ରଣାଶିକ୍ତ ଜଂଜାଳମାନଙ୍କୁ
ହଜମ କରି କରି
ହସ ଓ କାନ୍ଦକୁ ଫେଣ୍ଟା ଫେଣ୍ଟା କରି
ଅଡ଼ିରେ ଉଦରସ୍ଥ କରି
ଭୂମିଠାରୁ ଭୂମାପର୍ଯ୍ୟନ୍ତ ଲମ୍ଫ ମାରି

ମୁଁ ଏବେ ଝୁଲୁଅଛି ବରଗଛର ଓହଳେ
ଯାହା ଏତେ ଜୋରରେ ଘୂର୍ଣ୍ଣୟମାନ ଯେ
କେତେବେଳେ ମୁଁ ଛିଣ୍ଡିଯାଇ ପଡ଼ିବି
କୌଣସି ଏକ ଅଦୃଶ୍ୟ, ଅବର୍ଣ୍ଣନୀୟ,
ଅଗମ୍ୟ, ଅମୁହାଁ ସୁଡ଼ଙ୍ଗେ
ଯାହାର କେହି ପତ୍ତା ପାଇବେନି
କେବଳ ଜଣକୁ ଛାଡ଼ି
ଏ ଅଳୀକ ଭବରଙ୍ଗେ ॥

■

ନିଃଶବ୍ଦରେ

ନିଃଶବ୍ଦରେ ମୁଁ ଅନାୟସେ
କଥାବାର୍ତ୍ତା କରିପାରେ
ତୁମେ ସାଥେ ଏକାନ୍ତରେ ।

ଏତେ ଶବ୍ଦ ପ୍ରଦୂଷଣ କରିବା
କ'ଣ ଯେ ଦରକାର
ଏ ପ୍ରବଳ ପ୍ରଦୂଷିତ ପ୍ରହରରେ ?
ସାରା ପୃଥ୍ୱୀର ବୃକ୍ଷଲତାମାନେ
ଭୀତତ୍ରସ୍ତ, ଶଙ୍କାଗ୍ରସ୍ତ
ଏକ ଅଶନି ସଙ୍କେତରେ ଝପଗ୍ରସ୍ତ
କେତେବେଳେ ବା ଘଟିପାରେ ବିସ୍ଫୋରଣ
କେଉଁ ଏକ ନିଃଶବ୍ଦ ମୁହୂର୍ତ୍ତରେ ।

ନିଃଶବ୍ଦରେ ମୁଁ ଚାଲିଛି ଏକା ଏକା
କୋଳାହଳପୂର୍ଣ୍ଣ ଏ ସଂସାର ହାଟରେ
କେଉଁ ଦୂରରୁ ଶୁଣାଯାଉଛି
ଏକ ମୃଗୁଣୀର କଇଁ କଇଁ କାନ୍ଦ
ମୋତେ କ'ଣ ଲାଗୁଛି
କାଠିଟିଏ ପଡ଼ିଲେ ପଥର ଭଳି
ମୋ ପାଖରେ କ'ଣ କେହି ନାହାନ୍ତି ନିଜଲୋକ
ପାଣି ମୁନ୍ଦିଏ ଢାଳିବା ପାଇଁ ମୋ ପାଟିରେ !

ମୋର ଦୁଇପଟେ ଛିଡ଼ା ହୋଇଛନ୍ତି ନିଃଶବ୍ଦରେ
ଆକାଶକୁ ଚୁମୁଥିବା କଂକ୍ରିଟ ଜଙ୍ଗଲ
ପବନର ସମୁଦ୍ରରେ ମୋତେ ଯେ କିଏ
ପହଁରେଇ ଦଉଛି, ବିଜୁଳିର ଆଲୋକରେ
ମୋ ଅନ୍ଧାର ଯେ କାନ୍ଦୁଛି
ଘଡ଼ିଘଡି ଶବ୍ଦରେ
ମୋ କଣ୍ଠସ୍ୱର ଯେ
ଭାଙ୍ଗି ଭାଙ୍ଗି ଯାଉଛି
ଘନ ଘୋର ବର୍ଷାରେ
ମୋ ଲୋମକୂପମାନେ ଯେ ହେଉଛନ୍ତି ଉବୁଟୁବୁ
ସେଥିରେ ଦେଖାଦେଲେଣି ଲାଲ, ନୀଳ କଇଁମାନେ
କେତେବେଳେ ନିଃଶବ୍ଦରେ
କରିବେ ଶବ୍ଦସ୍ନାନ
ମୋତେ କିନ୍ତୁ ସବୁ ଲାଗୁଛି ଅଦୃଶ୍ୟ, ଅଦୃଶ୍ୟ ।

ତଥାପି ମୋ ରାସ୍ତା
ଲାଗୁନାହିଁ ସରିଲା ଭଳି
ହଠାତ୍ ମୁଁ ଅନୁଭବିଲି
କିଏ ଜଣେ ଚାଲୁଅଛି
ଅନ୍ଧାରର ଛାଇ ଭଳି
ମୋ ପଛେ ପଛେ ନିଃଶବ୍ଦରେ
ଖୁବ୍ ନିଜ ଲୋକ ପରି ॥

■

ମାଧବର ପୃଥିବୀ

ଏ ଦୁନିଆଁକୁ କେତେ ବା ଜାଣିଛି ମାଧବ !
ଲାଗେ, ଏବେ ମଧ୍ୟ ତାର
ବାଲୁତ କାଳ ବି ଯାଇନି
ତଥାପି ସେ ସୋଫା ଉପରେ ବସି
ସ୍ମାର୍ଟ ଫୋନ୍ ଧରି କିଛି ନ ଖାଇବାର
ଅଭିନୟ କରୁଛି
ମା' ସନ୍ଦେହରେ ପଚାରିଲେ କହୁଛି
ଡାର୍କ ଚକୋଲେଟ୍ ଖାଇଛି
ଅଥଚ ଲୁଚେଇ ଲୁଚେଇ କିଛି
ନିଷେଧ ଦ୍ରବ୍ୟ ଖାଇଛି ।

ଏବେକାର ମା'ମାନଙ୍କର
କୋଉ ସାହସ ଅଛି ଯେ ପଚାରିବାକୁ
ପାଟି ଖୋଲ ଦେଖିବି ମୁଁ
ତୁ କ'ଣ ସତରେ ଖାଇଛୁ ?
ଯେପରି ଯଶୋଦା ମା' ପଚାରୁଥିଲେ
ପାଟି ଖୋଲ କାହ୍ନା କ'ଣ ତୁ ମାଟି ଖାଇଛୁ ?
ପାଟି ଖୋଲିଦେଲେ କାହ୍ନା ଯେ
ତା ଭିତରେ ବିଶ୍ୱ ବ୍ରହ୍ମାଣ୍ଡ ଘୁରୁଛି ଦେଖି
ଯଶୋଦା ମା' ଯେ ହେଲେ ଚେତାଶୂନ୍ୟା ।

ଆଜିକାଲି ମା'ମାନେ କିନ୍ତୁ
କ'ଣ ହେବେ ଚେତାଶୂନ୍ୟା ?
ଓଲଟି ହସିବେ ମୋନାଲିସାର ହସ
କହିବେ, ମୋ ପୁଅଟା ଭାରି ଚାଲାକ
ମିଛକୁ ସତ କରିପାରିବାର କଳାକୌଶଳ
ତା ପାଖରେ ଭରପୁର
ତୁଳସୀ ଦୁଇପତ୍ରରୁ ବାସିଲା ପରି
ମୋତେ ବାସୁଛି ଯେ ସେ ଦିନେ ହେବ ମନ୍ତ୍ରୀ
ମୋତେ ବିଶ୍ୱ ବ୍ରହ୍ମାଣ୍ଡ ଦେବ ଦେଖେଇ
ଚାର୍ଟାର୍ଡ ବିମାନରେ ଉଡ଼େଇ ଉଡ଼େଇ ।

ପ୍ରେମ ପ୍ରତାରଣାକୁ କେତେ ବା ଚିହ୍ନିଛି ମାଧବ !
ଯୌବନ ଯେ କ୍ଷୀଣସ୍ଥାୟୀ
ଝରା ଗଙ୍ଗଶିଉଳି ପରି
ତାଠୁ ବରଂ ଶ୍ରେୟ ଅତି ଆଦରର ଦୁଃଖକୁ
ସାଉଁଟିବା କଲେଜର କରିଡର ଓ ବଗିଚାରୁ
ଯାହା ଯେ ଚିରସ୍ଥାୟୀ ଧ୍ରୁବତାରା ପରି
ତମ ପାଖେ ପାଖେ ସବୁବେଳେ ହୋଇଥିବ ଠିଆ
ତମର ଆନୁଗତ୍ୟ ଛାଇ ପରି
ମାଧବର କିନ୍ତୁ ଲୋଡ଼ା
ଚିରଯୌବନା କୃଷ୍ଣଚୂଡ଼ା ।

କେତେ ବା ଜାଣିଛି ମାଧବ
ତାର ପୁଅଝିଅ ସାଙ୍ଗମାନଙ୍କୁ !
ବିଶେଷତଃ ଝିଅ ସାଙ୍ଗମାନଙ୍କୁ
ସେମାନଙ୍କ ସହ ସ୍ମାର୍ଟ ଫୋନରେ ଚାଟିଂ

ଓ ଖୁଆଇବା ଜାଣିଛି ହୋଟେଲ୍‌ରେ
ଦମ୍ ବିରିଆନୀ ଓ ତନ୍ଦୁରୀ ଚିକେନ୍
ଅବଶ୍ୟ ସେ ଏ ପର୍ଯ୍ୟନ୍ତ ଚାଖିନାହିଁ
ବିଦେଶୀ ସାମ୍ମେନ ।

ତାର ବାପା ମା' ଭାରି ଖୁସି
ଯାହାହେଉ ଆମ ପୁଅର ଅଛି
ସାତଟି ଗାର୍ଲଫ୍ରେଣ୍ଡ ସାତଦିନ ପାଇଁ
କୃଷ୍ଣଙ୍କର ଯେ ଥିଲେ ସହସ୍ର ଗୋପନାରୀ
ଆଉ ଆମ ମାଧବର ସାତଟା ଗାର୍ଲଫ୍ରେଣ୍ଡ ଥିଲେ
ପୃଥିବୀଟା କ'ଣ ଭାସିଗଲା,
ନା ରାମାୟଣ ଅଶୁଦ୍ଧ ହୋଇଗଲା ?

ଆଜିକାଲି ଯୁଗରେ ଗାର୍ଲଫ୍ରେଣ୍ଡ ନ ଥିଲେ
ସେ ଆଉ କ'ଣ ସ୍ମାର୍ଟ ପୁଅରେ ଗଣା କି ?
ସାତଦିନ ଭିତରୁ ରବିବାର ଦିନ ଯାଏ ଯେଉଁ ଝିଅ
ସିଏ ସବୁଠୁ ସ୍ମାର୍ଟ, ଭିନ୍ନ ଭିନ୍ନ ତାର ଠାଣି
ସତେ ଅବା ମାଧବର ପୃଥିବୀକୁ ନେଇଅଛି କିଣି
ସେ ତାର ମହୁମାଛି ରାଣୀ ।

କେତେ ବା ଚିହ୍ନିଛି ମାଧବ ଏମାନଙ୍କୁ
ଲାଗେ, ସେ ଆଦୌ ଜାଣିପାରିନାହିଁ ସେମାନଙ୍କୁ
ସ୍ମାର୍ଟ ଫୋନ୍‌ଟେ ଧରି ଖାଲି ଜାଣିବାର କରୁଛି ଅଭିନୟ
ଯେତେବେଳେ ଫସିବ
ସେତେବେଳେ ଚିହ୍ନିବ
ରିଅଲ ଲାଗୁଥିବା ଏ ଭର୍ଚୁଆଲ ଦୁନିଆଁକୁ ।।

■

ନିଜ ନିଜ ପୃଥିବୀ

ନିଜ ନିଜ ପୃଥିବୀରେ
ସ୍ୱାଧୀନତାର ଶୀତଳ ପବନ
ସମୟର ଯେଉଁ ପ୍ରାନ୍ତରକୁ ଚାହଁ
ଯାଇପାର ସ୍ୱଚ୍ଛନ୍ଦରେ,ନିର୍ଭୟରେ, ନିର୍ଦ୍ୱନ୍ଦ୍ୱରେ ।

ନିଜ ନିଜ ପୃଥିବୀରେ
ସୂର୍ଯ୍ୟ ତମ ଇଚ୍ଛା ଅନୁସାରେ ଉଇଁବ ତ
ତମ ଇଚ୍ଛା ଅନୁସାରେ ଅସ୍ତ ଯିବ,
ତମେ ଚାହିଁଲେ ତମ ପୃଥିବୀ ଛାତରେ
ଜହ୍ନ ଉଙ୍କି ମାରିବ ଦିନବେଳେ
ହସିବ ମୁରୁକି ମୁରୁକି
ତମ ଉପରେ ବିଛେଇ ଦେବ
ସୁକୋମଳ, ସୁଶୀତଳ, ଶୁଭ୍ର ଜୋଛନା ଚାଦର
ସେ ଚାଦରରେ ତମକୁ ଆଖି ମିଟିକା ମାରୁଥିବାର
ତାରାମାନଙ୍କ ଫୁଲ ପଡ଼ିଥିବ
ତମେ ଚାହିଁଲେ ସମ୍ମୋହିତ ହୋଇପାର
ବା ନାହିଁ ତାହା ତମର
ମର୍ଜି ଉପରେ କରେ ନିର୍ଭର ।

ନିଜ ନିଜ ପୃଥିବୀରେ
ସବୁଜ ଶାଢ଼ିର ଆସ୍ତର
ରଙ୍ଗୀନ ଫୁଲମାନଙ୍କ ଗାଲିଚାର ସମ୍ଭାର
ନାହିଁ ସେଠି ଶୁଷ୍କ, ରୁକ୍ଷ, ଜୀର୍ଣ୍ଣ ଶୀର୍ଣ୍ଣ, ଉତ୍ତପ୍ତ
ଅକ୍ଷାଂଶ ଦ୍ରାଘିମା ନିଦାଘର
ନାହିଁ ସେଠି କରକା, ବରଫପାତ, ବଜ୍ରପାତ
ଭୟଙ୍କର ଶୀହରଣ ହାଡ଼ଭଙ୍ଗା ଶୀତର ।

ନିଜ ନିଜ ପୃଥିବୀରେ
ରିମ୍ ଝିମ୍ ବର୍ଷା, ଝର ଝର ଝରଣା
କୁଳୁ କୁଳୁ ନିନାଦିନୀ ନଦୀ
ଗୁଣୁ ଗୁଣୁ ଭ୍ରମର, ଢଳ ଢଳ ନାଲିପଦ୍ମ
ଉଡ଼ି ଉଡ଼ି ବୁଲୁଥିବା ଅମାନିଆ ପ୍ରଜାପତି
କୁହୁ କୁହୁ ଗାଉଥିବା ଆମ୍ବଡ଼ାଳର କୋଇଲି
ତା' ମଧ୍ୟରେ ଖିଲ ଖିଲ ହସୁଥିବା
ତମର ମୃତ୍ୟୁ ହେଉନଥିବା ଯୌବନ
ଜନ୍ମ ହେଉ ନ ଥିବା ଦୁଃଖ, ଶୋକ,
ଯନ୍ତ୍ରଣାର ଭବ୍ୟ ଆୟୋଜନ ।

ସବୁ କେବଳ ସମ୍ଭବ
ତମେ 'ଆକା' କହିଲାମାତ୍ରେ ॥

■

ଅନ୍ତରଙ୍ଗ ଅନୁଭବ

ସେ ଚଢୁଛି ସନ୍ତର୍ପଣରେ
ସମୟର ସର୍ପିଳ ଶିଢ଼ିରେ
କିନ୍ତୁ ଶହେଟି ମସୃଣ ପାହାଚ଼ ଉପରକୁ ଚଢ଼ିଲେ
ତଳକୁ ଖସୁଛି ଦେଢ଼ଶହର ଦନ୍ତୁରିତ ପାହାଚ଼
ଯେଉଁଠି ପଡ଼ିଛି ତାର ରକ୍ତାକ୍ତ ପାଦର
ସୂକ୍ଷ୍ମ ମାନଚ଼ିତ୍ର
କିଏ ତାର ଶତ୍ରୁ କିଏ ତାର ମିତ୍ର ?

ତଥାପି ଆଶାର ବୈତରଣୀ ତାର
ହେଉନାହିଁ କେବେ ଶୁଷ୍କ, ମ୍ଳାନ
କରୁନାହିଁ କେବେ ମିଥ୍ୟା ଅଭିମାନ
ଦିନକୁ ଦିନ ସେ ହେଉଛି ସ୍ଫୀତ, ଉତ୍‌ଫୁଲ୍ଲିତ
ଦୁଇ କୂଳ ଲଘି ଅଙ୍କେଇ ବଙ୍କେଇ
ଅଗ୍ରସର ହେବାରେ ଯେପରି
ଶତ ଚନ୍ଦ୍ରର ଜ୍ୟୋତ୍ସ୍ନାସ୍ନାତ
ସହସ୍ର ସୂର୍ଯ୍ୟଙ୍କ ଶକ୍ତି ଯେପରି
ତାର ହୃଦୟରେ କରେ ଆତଯାତ ।

ସେ କେବେ ଓହ୍ଲାଇବ ନାହିଁ
ତାର ନିଜସ୍ୱ ଗରୀୟାନ ସିଂହାସନରୁ
ପୃଥିବୀ ପଛେ ହୋଇଯାଉ ପ୍ରଳୟ ।

ସମୁଦ୍ର ଯେ ଦିଶୁଛି ଆଗରେ
ଝାଉଁବଣ ଝାପ୍‌ସା ଦେଖାଗଲାଣି
ସମୁଦ୍ରର ଗର୍ବୀତ ଗର୍ଜନ ଶୁଣାଗଲାଣି
କାରୁକାର୍ଯ୍ୟ ଆଙ୍କୁଥିବା ବାଲିବନ୍ତପରେ
ତାର ଏକାନ୍ତ କାମ୍ୟ ତା ସହ କରିବାକୁ ବାସ
ତାର ଉତ୍ତୁଙ୍ଗ ତରଙ୍ଗରେ ଭରିଦେବାକୁ ରକ୍ତର ରଙ୍ଗ
ଧୋଇଦେବାକୁ ଯେତେ ତାର ସାଇତି ରଖିଥିବା
ଦୁଃଖ, ଅବଶୋଷ, ନିନ୍ଦା ଅପନିନ୍ଦାର ପାହାଡ଼ ପର୍ବତ ।

ସେ କିନ୍ତୁ କରିଛି ପଣ
ସମୁଦ୍ରର ଉଦ୍ଧତ ଢେଉମାନଙ୍କୁ ଭାଙ୍ଗି ଭାଙ୍ଗି
ଗୋଟି ଗୋଟି କରି
ପହଞ୍ଚିବ ଦୁରନ୍ତ ଦିଗ୍‌ବଳୟର
ଶିଡ଼ି ଚଢ଼ି ଚଢ଼ି ତାଙ୍କରି ପାଖରେ
ଯାହାଙ୍କର ଅସ୍ତିତ୍ୱକୁ ସେ ଏ ପର୍ଯ୍ୟନ୍ତ
କରିପାରି ନାହିଁ କଳନା, ଭାବି ନାହିଁ ଅସମ୍ଭବ
ଯଦିଓ ଅତି ସୂକ୍ଷ୍ମ ସ୍ତରରେ
ସେ ଦିନେ କରିଥିଲା ଅନ୍ତରଙ୍ଗ ଅନୁଭବ ।

ଜହ୍ନର ଜ୍ୟୋତ୍ସ୍ନାରେ

ଆମ ବିବାହର ସୁବର୍ଣ୍ଣ ଜୟନ୍ତୀରେ
ଆମେ ବାହାରିଛୁ ସୁଇଜରଲାଣ୍ଡ ମଧୁଚନ୍ଦ୍ରିକାରେ ।

ମହେଶବାବୁ ଯାଇଛନ୍ତି
ଗତମାସରୁ ବାଲି ଦ୍ୱୀପ
ତାଙ୍କ ବିବାହର ରୌପ୍ୟଜୟନ୍ତୀରେ
ନୀଳ ସମୁଦ୍ର କୂଳରେ ବସି
ମାଛ ଧରୁଛନ୍ତି ବନ୍‌ସିରେ
ଫଟୋ ପଠାଇଛନ୍ତି ହ୍ୱାଟସ୍‌ଆପ୍‌ରେ ।

ଦୀନେଶବାବୁ ସସ୍ତ୍ରୀକ ଯାଇଛନ୍ତି ଜାପାନ
ଯୋଗ ଦେବାକୁ କୌଣସି ଏକ କନ୍‌ଫରେନ୍‌ସରେ
ସାୟୋନାରା ଗୀତ ଶୁଣୁଛନ୍ତି ସଂଧ୍ୟାରେ
ପାର୍କରେ ବସି ୱାଟର ଡ୍ୟାନ୍ସ ଦେଖିଲା ବେଳେ ।

ସୁବାଷବାବୁ ଯାଇଛନ୍ତି ଆଣ୍ଡାମାନ ଏଲ୍‌ଟିସିରେ
ଦେଖିବାକୁ କଳା ପାଣି
ମର୍ମନ୍ତୁଦ ଯନ୍ତ୍ରଣା ଭୋଗିଥିବା

କଏଦୀମାନଙ୍କର ସେଣ୍ଟ୍ରାଲ ଜେଲ୍‌କୁ
ପହଁରୁଛନ୍ତି ହରରଙ୍ଗୀ ମାଛ ସହ
ସମୁଦ୍ରର ଗଭୀର ନୀଳ ଜଳରେ
ହେଉଛନ୍ତି କଥାବାର୍ତ୍ତା ସାର୍କମାନଙ୍କ ସହ
ଆଦିମ ଭାଷାରେ
ଦେହସାରା ବୋଳୁଛନ୍ତି ପ୍ରଜାପତିର ରଙ୍ଗ
ରୋମାଣ୍ଟିକ୍ ଜହ୍ନର ଜ୍ୟୋସ୍ନାରେ ।

ଆମେ କିନ୍ତୁ ବିବାହର ସୁବର୍ଣ୍ଣ ଜୟନ୍ତୀରେ
ବାହାରିଛୁ ସତେ କ'ଣ ସୁଇଜରଲାଣ୍ଡ ମଧୁଚନ୍ଦ୍ରିକାରେ ? ॥

■

କ୍ଷତାକ୍ତ ଆକାଶ

ମୁଁ ଏକ କ୍ଷତାକ୍ତ ଆକାଶ
ରକ୍ତାକ୍ତ ମୋ ଗତାୟୁ ପୌରୁଷ ।

ଧାର ଧାର ରୁଧିରରେ ଅଧିର
ମୋର ଯେତେ ଯେତେ ଅଦୃଶ୍ୟ ଶରୀର
ଅସହ୍ୟ ଯନ୍ତ୍ରଣାରେ ଜର୍ଜରିତ
ମୋର ଯେତେ ଯେତେ ସ୍ନାୟୁତନ୍ତ୍ରୀମାନ
ନୈରାଶ୍ୟର ବାଦଲରେ ଘେରା
ଯେତେ ଅଛି ଆଦିଗନ୍ତ ସସାଗରା ଧରା ।

ତା' ଭିତରେ ମୁଁ ଆହ୍ୱାନ କରେ
ବିଗଳିତ କରୁଣାର ଧାରା
ଆଲୋକ ପଶିପାରୁ ନଥିବା ଜଙ୍ଗଲର
କଣ୍ଟକିତ ସର୍ପିଳ ରାସ୍ତାରେ
ଇତସ୍ତତ ଖୋଜ ପକାଇଲାବେଳେ,
ତୀବ୍ର ଅନ୍ଧକାରାଛନ୍ନ କୋଇଲା ଗହ୍ୱରରୁ
ଜାଜ୍ୱଲ୍ୟମାନ ହୀରା ଖଣ୍ଡେ
ଆବିଷ୍କାର କଲାବେଳେ,
ଗମ୍ଭୀର ଗଭୀର ସମୁଦ୍ରରୁ
ଶାମୁକା ଖୋଜି ଖୋଜି କୋଟିନିଧି ସମ
ସମୁଜ୍ଜଳ ମୁକ୍ତା ଗୋଟେ ଦୃଶ୍ୟମାନ ହେଲାବେଳେ ।

ମୁଁ ଆବାହନ କରେ ନିଃଶବ୍ଦ ଉଚ୍ଚାଙ୍ଗ ଗାନରେ
ଯୋଡ଼ହସ୍ତ, ଭୂମିଷ୍ଠ, ସାଷ୍ଟାଙ୍ଗ ପ୍ରଣିପାତ କରେ
ପାର କର ମୋତେ
ଏ କ୍ଷତାକ୍ତ, ରକ୍ତାକ୍ତ, କଣ୍ଟକିତ, ମାୟାଚ୍ଛାଦିତ
ଅଜେୟ, ଅପ୍ରମେୟ, ଅବ୍ୟକ୍ତ, ଅଦାହ୍ୟ
ଅକ୍ଲିଷ୍ଟ, ଅଜ୍ଞେୟ
ସମୟର କରାଳ କବଳରୁ ॥

■

ତ୍ରିଶଙ୍କୁ

ଅଧା ଅନ୍ଧାର ଅଧା ଆଲୁଅରେ
ଅଧା ସମ୍ପର୍କ ଅଧା ଅସମ୍ପର୍କରେ
ଅଧା ସମ୍ପୂର୍ଣ୍ଣ ଅଧା ଅସମ୍ପୂର୍ଣ୍ଣତାରେ
ଜୀବନଟା ଲାଗେ ସତେ ଯେପରି ଅଧା ଅଧା
ଅଧା ଦେହ ଅଧା ବିଦେହରେ
ଯେପରି ଅଧା ଗଢ଼ା ହୋଇଛି
ମୋ ପାର୍ଥିବା ନା ଅପାର୍ଥିବ ଶରୀର !

ସଂସାରର ହଳାହଳ ବିଷୟ ଜଞ୍ଜାଳେ
ମୋ ଅଧା ଶରୀର ନିର୍ମାୟା, ନିର୍ମୋକ ତ
ବାକି ଅଧା କ୍ଷତାକ୍ତ, ରକ୍ତାକ୍ତ
ମୋ ଅଧା ବଗିଚାର ରକ୍ତିମ ଗୋଲାପ ଫୁଲରେ
କାମନାର କାକର ଟୋପାମାନ
ମୁକ୍ତାମାଳ ସମ ଜାଜ୍ୱଲ୍ୟମାନ,
ଦେଦୀପ୍ୟମାନ, ଅଧା ସକାଳର
ଅଧା ସୂର୍ଯ୍ୟଙ୍କ ଅଧା ନରମ କିରଣରେ ।

ଆଗକୁ ଅଧା ଦେଖାଯାଉଥିବା ରାସ୍ତାରେ
ଉଭା ହୋଇଛନ୍ତି ଅର୍ଦ୍ଧଖଣ୍ଡିତ ପ୍ରହେଳିକାମାନେ
ଅଧା ଅଧା ନକ୍ଷତ୍ର କ'ଣ ଖସିପଡୁଛନ୍ତି
ଆକାଶାର୍ଦ୍ଧରୁ ସେ ରାସ୍ତା ସାରା
ମୁଁ ସେମାନଙ୍କୁ ଗୋଟେଇ ଗାଟେଇ

ଝାଡ଼ିଝୁଡ଼ି କରି ସଜେଇ ରଖୁଛି
ମୋ ଡ୍ରଇଂ ରୁମ୍‌ର ଅଧା ତିଆରି ହୋଇଥିବା
ଶିଶୁକାଠ ଆଲ୍‌ମାରୀର
ଅଧା ଅଧା ଥାକମାନଙ୍କରେ ।

ମୋ ଅର୍ଦ୍ଧାଙ୍ଗିନୀର ଅର୍ଦ୍ଧ ପଣତରେ
ଅଧା ପରିହିତ ଅଧା ଉନ୍ମୁକ୍ତରେ
ମୋ ସ୍ୱପ୍ନମାନେ ଯେପରି ହୋଇଯାଇଛନ୍ତି ଅଧା ଅଧା
ଅଷ୍ଟମୀ ଜହ୍ନର ଅର୍ଦ୍ଧ ଜ୍ୟୋସ୍ନାରେ
ଉଡୁଛନ୍ତି ଅର୍ଦ୍ଧଭୂମିରୁ ଉର୍ଦ୍ଧ୍ୱ ଭୂମାକୁ
କିନ୍ତୁ ରହିଯାଉଛନ୍ତି ତ୍ରିଶଙ୍କୁ ଭଳି
ସତେ ଯେପରି କାଳ କାଳ ପାଇଁ ॥

■

ଶୂନ୍ୟତା

କାମନା ସବୁ ପୁଷ୍ପବତୀ ହେଉ କି ନ ହେଉ
ଇଚ୍ଛା ସବୁ ଫଳବତୀ ହେଉ କି ନ ହେଉ
ମନର ଗୁଣ ସବୁ ହୋଇଯାଉ ନିର୍ଗୁଣ ।

ମୋହ, ମାତ୍ସ୍ୟର୍ଯ୍ୟର ଯେତେ ସବୁ
ଅଙ୍ଗପ୍ରତ୍ୟଙ୍ଗମାନ
ହୋଇଯାଆନ୍ତୁ ନୀରବ, ନିସ୍ତବ୍ଧ, ନିସ୍ତେଜ, ସମାଧିସ୍ଥ,
ଜଗତର ଅନ୍ତଃଶୂନ୍ୟତାରେ ମଜ୍ଜି ରହି
ବାହ୍ୟଶୂନ୍ୟତାରେ ସମୟ ବାହାରେ
ଅଚିରେ ବିଚରଣ କରି
ନିକ୍ଷେପ କରିଦିଅନ୍ତି ଅନାୟସେ
ଷଡ଼ରିପୁଙ୍କୁ ଶୂନ୍ୟତା ମଧ୍ୟକୁ
ସୁଖ ଅସୁଖ, ହସ କାନ୍ଦ, ଈର୍ଷାଦ୍ୱେଷ
ଯଶ ଅପଯଶକୁ କରିଦିଅନ୍ତି ଏକାକାର, ଅଭିନ୍ନ
ନିର୍ଲିପ୍ତତାରେ ରହି ମଗ୍ନ !

ସବୁ ଯେପରି ଶୂନ୍ୟ ହୋଇଯାଏ
ଶୂନ୍ୟ ଶୂନ୍ୟ ମହାଶୂନ୍ୟରେ
ସେ ମନଭରି କରିପାରନ୍ତି ଦର୍ଶନ
ନିର୍ଗୁଣର ଅବୟବକୁ, ବ୍ରହ୍ମାଣ୍ଡକୁ
ଯାହା ଆମ ଭଳି ସାଂସାରିକ
ଦେହଧାରୀମାନଙ୍କ ପାଖରେ
ହୃଦୟଙ୍ଗମ କରିବାର
ଅତିନ୍ଦ୍ରିୟ ଶକ୍ତି ଯେ ଶୂନ୍ୟ
ଶୂନ୍ୟ, ପୁରାପୁରି ଶୂନ୍ୟ ॥

ନିର୍ବିକାର ଈଶ୍ୱର

ସାରା ରାତି ନୀରବତାର ଛାଇ
ଝିଅଟା ମୁକୁଳିଛି ବାଘର ମୁହଁରୁ
କ୍ଷତାକ୍ତ, ରକ୍ତାକ୍ତ ହୋଇ
ପଡ଼ିଛି ଘରଟା କଣରେ
ଏକ ନିଶ୍ଚଳ ନିର୍ବାକ ପଥର ହୋଇ
ସାରା ପୃଥିବୀଟା ହୋଇଯାଇଛି
ମୂକ ଯେପରି,
ଆଖି ଭିତରେ ଚୁପି ହୋଇ ରହିଛି
ମହଣ ମହଣ ଲୁହ
ଅଥଚ୍ ଟୋପେ ବୋହୁନାହିଁ ।

ବିଜୁଳୀ କିନ୍ତୁ ରାଗିପାଚି
ଆକାଶକୁ ଦେଉଅଛି ଜାଳି
ଘଡ଼ ଘଡ଼ି ପ୍ରଚ଼ଣ୍ଡ ଶବ୍ଦ କରି
କାନକୁ କରୁଅଛି ତାବ୍‌ଦା
କଳାହାଣ୍ଡିଆ ମେଘ ଗର୍ଜି ଗର୍ଜି
ମୂଷଳ ଧାରାରେ କରୁଅଛି ବର୍ଷା
ଘୂର୍ଣ୍ଣିଝଡ଼ରେ ଫାଟିପଡୁଅଛି ମେଦିନୀ

ଅଣନିଶ୍ୱାସୀ ହୋଇ ଦୌଡୁଅଛି
ତ୍ରସ୍ତ ହରିଣୀ
ତଟସ୍ଥ ହୋଇ ରହିଁଅଛି
ଗର୍ଭବତୀ ବାଘୁଣୀ ।

ପୃଥିବୀର କୌଣସି ନା କୌଣସି କୋଣରେ
ଏମିତି ଝିଅଟିଏ, ଯୁବତୀଟିଏ, ମହିଳାଟିଏ ବା ବୃଦ୍ଧାଟିଏ
ପଡ଼ିଥିବ ମୁହଁ ମାଡ଼ି
ଅକୁହା, ଅସହ୍ୟ ଯନ୍ତ୍ରଣାରେ ଉବୁଟୁବୁ ହୋଇ
ଅଥଚ୍ ନୀରବତା ବିରାଜମାନ କରୁଥିବ ସାମ୍ରାଜ୍ୟରେ
ସତେ ଯେପରି କିଛି ହୋଇ ନାହିଁ ।

ଆଜିକାଲି ଈଶ୍ୱର କ'ଣ
ହୋଇଗଲେଣି କି ନିର୍ବିକାର
ପାଟିରୁ ପଦେ ଶବ୍ଦ ବାହାରୁ ନାହିଁ
କ'ଣ ତାଙ୍କର ଅଭିପ୍ରାୟ
କଳିକାଳକୁ ଶୀଘ୍ର ଶେଷ କରିଦେବାପାଇଁ ?॥

■

ରକ୍ତାକ୍ତ ରୋଷଣୀ

ସତେ କେଡ଼େ ଫୁଲେଇ ନଈ
ବହିଯାଏ ଅଙ୍କେଇ ବଙ୍କେଇ
ନିଦାଘରେ କ୍ଷୀଣ କଟୀ ହଲେଇ ହଲେଇ
ସେ ଏକ ଅଳସୀ କନ୍ୟା
ପୂର୍ଣ୍ଣଗର୍ଭା ହେଲେ ପ୍ରସବେ
ଦୁଇ କୂଳ ଲଘିଂ ବନ୍ୟା ।

ତମେ କ'ଣ ସତେ
କରି ପାରିବନି ବନ୍ୟା
ଆଦିଗନ୍ତ ଆକାଶକୁ ଛୁଇଁ
ସୁବର୍ଣ୍ଣ ତ୍ରିଭୁଜର ସରହଦକୁ ଅତିକ୍ରମି
କନ୍ୟା କୁମାରୀରୁ କାଶ୍ମୀରକୁ ଡେଇଁ
ଥର ମରୁଭୂମିର କିଂକର ବାଲୁକାସ୍ତୂପରୁ
ଚେରାପୁଞ୍ଜିର ଆକାଶକୁ ଚୁମୁଥିବା
ଗର୍ବିତ ବୃକ୍ଷରାଜିକୁ ସ୍ପର୍ଶ କରି
ମାନସରୋବରର ବର୍ଣ୍ଣିଳ ବୈଭବରେ
ବିଚ଼ରଣ କରୁଥିବା ବିସ୍ମୟ ମରାଳମାନଙ୍କ
ଦୁଗ୍ଧଫେନନିଭ ସ୍ପର୍ଦ୍ଧିତ ଡେଣାମାନଙ୍କୁ
ଓଦା ସରସର କରି ?

ଏ ସରହଦରେ କିନ୍ତୁ ଶୁଣାଗଲାଣି
ରଣ ଦୁନ୍ଦୁଭିର ସ୍ୱର ତ
ସେ ପଟ ସରହଦରେ ସଜ୍ଜିତ ହେଲେଣି
ଲୋଲୁପ ଚକ୍ଷୁମାନଙ୍କର
ସମ୍ମିଳିତ କଟାକ୍ଷ ଋହାଣୀ
ଅପେକ୍ଷା କରିଛନ୍ତି ସୁଯୋଗକୁ
କମାଣ, ତୋପ ଓ ବୋମାରେ
ପ୍ରକମ୍ପିତ କରିବାକୁ ନିଃଶବ୍ଦ ଆକାଶ
ପ୍ରଜ୍ୱଳିତ କରିବାକୁ ରକ୍ତାକ୍ତ ରୋଷଣୀ ॥

■

ଅପୂର୍ଣ୍ଣତାରେ ପୂର୍ଣ୍ଣତା

ତୁମେ ଲାଲ ଗୋଲାପ
ତୀକ୍ଷ୍ଣ ତରବାରୀ
ହୃଦୟକୁ ଦିଅ ଚିରି
ବିଦଗ୍ଧ କରି
ପ୍ରେମାଶ୍ରୁ ଟୋପା ଟୋପା ବହିହୋଇଯାଏ
ପୂର୍ଣ୍ଣତାରେ ଶୂନ୍ୟ କର
ଅପୂର୍ଣ୍ଣତାରେ ଭରିଦିଅ ପୂର୍ଣ୍ଣତାର ଇତିହାସ
ଅସୁମାରି ଆଶା ଓ ଆକାଙ୍‌କ୍ଷା ଆଡ଼େଇ
ଖୋଜି ବସ ଅତିନ୍ଦ୍ରିୟ ରସ ।

ସେ ରସରେ ବୁଡ଼ି
ନ ବୁଡ଼ିଲା ପରି
ଅଦୃଶ୍ୟ ଭାବେ ଅବସ୍ଥାନ କର
ଦିଶାହୀନ ଜାହାଜର ମାସ୍ତୁଲ ଉପରେ
ଅସ୍ଥିର ସମୁଦ୍ରର ଅସ୍ଥିର ତରଙ୍ଗେ
ତୂର୍ଯ୍ୟନାଦ କରୁଥିବା ସାମୁଦ୍ରିକ ଝଡ଼
ଆଦିଗନ୍ତ ମାଡ଼ି ଯେବେ
ରଣହୁଙ୍କାର ଦିଏ
ତୋଳିବାକୁ ତାଣ୍ଡବ ଲୀଳା
ସମାଗରା ଧରାର ବକ୍ଷରେ ।

ତମର ସେ ଶାଣିତ ଅସ୍ତ୍ର
ନିମିଷକେ କରିଦିଏ ସ୍ଥିର
ସମୁଦ୍ର, ଆକାଶ, ଦିଗନ୍ତ ଓ ଜାହାଜର ମାସ୍ତୁଲ
ଯହିଁ ତମର ଚିହ୍ନ ଚକ୍ ଚକ୍ କରୁଥାଏ
ମହ ମହ ବାସୁଥାଏ
ଅନିର୍ବଚ଼ନୀୟ ଆନନ୍ଦର ସ୍ମାରକୀ ରୂପେ
ହେଉଥାଏ ଜାଜ୍ୱଲ୍ୟମାନ
ଥିଲାଯାଏଁ ସପ୍ତର୍ଷିମଣ୍ଡଳର ପ୍ରଶ୍ନବାଚ଼ୀ ଚିହ୍ନ ॥

■

ଜଳ ଦର୍ପଣ

ଜନ୍ମ ହେଲେ ବ୍ୟାପ୍ତ ହେଲି
ଅବ୍ୟକ୍ତ ସତ୍ତାରେ
ଦୃଶ୍ୟ ହେଲେ ଆବିର୍ଭୂତ ହେଲି
ଅଦୃଶ୍ୟ ରଙ୍ଗମଞ୍ଚରେ ।

ଦପ୍ ଦପ୍ ହେଲି ପ୍ରତି ମୁହୂର୍ତ୍ତରେ
ଅଲେଲିହାନ ଅଗ୍ନି ସ୍ଫୁଲିଙ୍ଗରେ
ରୋମାଞ୍ଚିତ ହେଲି ନିଃଶବ୍ଦ ଶବ୍ଦରେ
ଯନ୍ତ୍ରଣାର ଯୌବନରେ
କଣ୍ଟକିତ ପଥରେ ପାଦର ରକ୍ତଧାର
ଚନ୍ଦନ ରୂପେ ବୋଳି ହେଲି
ଶରୀରର ଶିରୋଭାଗରେ ।

ଅକୁହା ଆନନ୍ଦର
ବିଗଳିତ କରୁଣାର ଅଶ୍ରୁଧାର
ଗଳେ କଲି ମାଳା
ସଂସାରର ହଳାହଳ
ବିଷୟ ଜଞ୍ଜାଳେ
ନୀଳକଣ୍ଠ ସାଜି ହେଲି ଆତ୍ମହରା ।

ନିଃସ୍କରୁଣ ଅନ୍ଧକାରେ
କପୋତୀର କ୍ରନ୍ଦନ
ହେଉଥିଲା ପ୍ରତିଧ୍ୱନିତ
ଆକାଶର ନୀଳିମାରେ ଥରକୁ ଥର
କ'ଣ କେହି ତାହା ଶୁଣିପାରୁ ନଥିଲେ ?
କ'ଣ କିଏ ଜଣେ ଠିଆ ହୋଇ
ସମସ୍ତଙ୍କ ଦୃଷ୍ଟି ଆଢୁଆଳେ
ଶାସ୍ତିର ଶର ନିକ୍ଷେପ କରିପାରୁ ନଥିଲେ
ଲକ୍ଷ୍ୟଭେଦ କରିବାକୁ
ବିପରୀତ କର୍ମକାରୀଙ୍କ ଲୋଲୁପ ଚକ୍ଷୁରେ
ତଳକୁ ଅନାଇ ସ୍ୱଚ୍ଛ ଜଳ ଦର୍ପଣରେ ? ॥

■

ଜହ୍ନ ଓ କାଶତଣ୍ଡୀ

ପୂର୍ଣ୍ଣମୀରେ ସଫେଦ୍ ଆକାଶରୁ
ଜହ୍ନ ଓହ୍ଲାଇ ଆସି ପଚାରିଲା ହସି ହସି
ସିର୍ ସିର୍ ପବନରେ ଦୋହଲୁଥିବା କାଶତଣ୍ଡୀକୁ -
କେମିତି ଅଛୁ କାଶତଣ୍ଡୀ ?
ତୋ ମୁହଁରେ କ'ଣ ସରସ ନାହିଁ ?

ଆସେ ଆମେ ଖେଳିବା ଲୁଚ୍‌କାଳି
ମେଳି କରିଥିବା ଧଳା ଧଳା ମେଘଖଣ୍ଡମାନଙ୍କ ସହିତ
ମୁଁ ତତେ ଖୋଜିବି ଛପି ଛପି
ନଈପଠା, ଝାଉଁବଣ, ଧାନବିଲ ଗହୀର ଧାରରେ
ତୁ ମୋତେ ଖୋଜିବୁ ଏପଟ ସେପଟ ଅନାଇ
ଆଦିଗନ୍ତ ପୃଥିବୀରେ ବିଛେଇ ହୋଇପଡ଼ିଥିବା
ଜୋଛନା ଚାଦର ଭିତରେ
ମୋତେ ଛୁଇଁ ଦେଲେ
ହସ ଉକୁଟି ଉଠିବ ତୋ ମୁହଁରେ ।
ତୋ ହସରେ ମୋ ହସ ମିଶି,
ପ୍ରତିଧ୍ୱନିତ ହେବ ସ୍ଥିତପ୍ରଜ୍ଞ ପର୍ବତ ବକ୍ଷରେ
ସଫେଦ ଆକାଶରେ ଅଥଚ୍
ତାରାମାନେ ମ୍ଳାନ, ନିଷ୍ପ୍ରଭ, ଅଧୀର
ମୁହଁ ଶୁଖେଇ ପଡ଼ିଛନ୍ତି ଇତସ୍ତତ ହୋଇ,
ସେମାନଙ୍କ ମୁହଁରେ କିନ୍ତୁ ଲେପି ହୋଇଯାଇଛି
ପ୍ରସ୍ତ ପ୍ରସ୍ତ ଜୋଛନାର ସ୍ତର ।

ଅମାବାସ୍ୟାର ଅନ୍ଧାରରେ ଦେଖ
କି ଫୁଟାଣି ତାରାମାନଙ୍କର !
ସଗର୍ବରେ ଆଖି ମିଟିକା ମାରୁଛନ୍ତି
ସାରା ଆକାଶରେ
ଗାଢ଼ ଅନ୍ଧାରରେ କାଶତଣ୍ଡୀର ମୁହଁ
ଦିଶୁଛି ଖୁବ୍ ତୋଫା
ଜୋଛନା ନାହିଁ ବୋଲି ଅନ୍ଧାରର ଏତେଟା ରାଜୁତି
ଜୋଛନାକୁ ସାଥେ ଧରି
ଜହ୍ନ କେଉଁ ପୃଥିବୀ ଆରପଟ ଉଆସରେ
ଚବିଶିଘଣ୍ଟା ପାଇଁ କରିଛି ବିଶ୍ରାମ
ଏତେ ଦିନ ଆକାଶ ପ୍ରାଙ୍ଗଣରେ
ଦୌଡ଼ ଧାପଡ଼ କରି କରି ନଥିଲା ଯେ ବିରାମ ।

ବିଶ୍ରାମ ପରେ ପୁଣି ମୁହଁ ଦେଖାଇବ ଜହ୍ନ
ଯାହାଲାଗେ ତମ ସରୁ ଭୁଲତାର ଚିହ୍ନ ॥

■

ହଜିଯାଇଥିବା ଶୈଶବ

ମଣିଷ ଜୀବନ ସତେ କେଡ଼େ ଅସହାୟ
ଜୀବନର ଅୟମାରମ୍ଭ ଓ ଅନ୍ତକାଳରେ
ନିଆଁ ଓ ଧୂଆଁରେ ମିଳେଇଯାଏ
ଆକାଶରେ, ଶୂନ୍ୟରେ, ମହାଶୂନ୍ୟରେ ।

କେଡ଼େ ଅସହାୟ
ଡାକ୍ତରଖାନାର ସଫେଦ୍ ଶଯ୍ୟାରେ
ଯନ୍ତ୍ରଣାର ଷ୍ଟ୍ରେଚ଼ରରେ
କେଡ଼େ ଅସହାୟ
ଡୋଳା ଦିଓଟି, ହାତ ଦିଓଟି
ବୁଲେଇବାର, ହଲେଇବାର ଶକ୍ତିକୁ
କରିଦେଇଥାଏ ନିଃଶେଷ
ପାଟି ମେଲା ହେଉଥାଏ ତ
ଶବ୍ଦ କିନ୍ତୁ ସ୍ଫୁରେନି
ସ୍ୱରଯନ୍ତ୍ର ହୋଇ ଯାଇଥାଏ ସମ୍ପୂର୍ଣ୍ଣ ଅବଶ ।

କିଏ ଜଣେ ଥାଇ ଶୂନ୍ୟରେ
କରୁଥାଏ ବିଚାର ପରୀକ୍ଷାନିରୀକ୍ଷାର
ନିଦାନ କରୁଥାଏ
କେତେ ଦିନ ଆଉ ସେ ଗୁରୁଣ୍ଡିବ
ସମୟର କଣ୍ଟକିତ ଗାଲିଚାରେ ।

ଏବେ କିନ୍ତୁ ସ୍ୱପ୍ନ ଦେଖିବାକୁ
ସ୍ୱପ୍ନ ନାହିଁ
ଦୂରଦର୍ଶନ ଦେଖିବାକୁ
ଦର୍ଶନେନ୍ଦ୍ରିୟ ରହୁଁନି
କବିତା ଲେଖିବାକୁ ହାତ ଯେ ଚଳୁନି
ଭାବିବାକୁ ଭାବନାର ନାହିଁ ଗନ୍ତାଘର
ଲାଳସା ଶୁଖିଗଲାଣି ଜିହ୍ୱାରୁ ଖାଇବାର
ଆଉ ତ ଶୁଭୁନି କାନର ପରଦାରେ
କୋମଳ ଗାନ୍ଧାର ।

ହେ ମୃତ୍ୟୁ !
ମୋତେ ତୁମେ ତମ କୋଳକୁ ନେଇ
ପୁଣି ଥରେ ଫେରେଇ ଦିଅ ମୋର
ହଜିଯାଇଥିବା ଶୈଶବ ମୋ ଜୀବନର ॥

∎

ରୂପାନ୍ତର

ପ୍ରଥମେ ଚାକିରୀ କଲେ ବାପା ଆସ୍କାରେ,
ତା'ପରେ ଭୁବନେଶ୍ୱରରେ
ଥିଲେ ସ୍କୁଲ ସବ୍‌ଇନିସ୍‌ପେକ୍‌ଟର
ରହୁଥିଲେ ୟୁନିଟ୍ ଏକରେ
ଟାଇପ ଫୋର ବସା ଘରେ
ଭୁବନେଶ୍ୱର ଥିଲା ସେତେବେଳେ
ଏକ ବାଳୁତ ପୁତ୍ର ଷାଠିଏ ଦଶକରେ
ଖୋଲା ପଡ଼ିଆରେ ଖେଳୁଥିଲା ତ
ବଣବୁଦାରେ ବୁଲି ବୁଲି
ଖାଉଥିଲା କଣ୍ଟେଇକୋଳି, ଫାର୍ଶୀକୋଳି ।

ବାପା ଯାଇଥିଲେ ଥରେ
ଖଣ୍ଡଗିରି ପାଖ ଏକ ସ୍କୁଲକୁ ପରିଦର୍ଶନରେ
ମୋତେ ନେଇଥିଲେ ବସାଇ
ଫିଲିପ୍‌ସ ବାଇସାଇକେଲ୍‌ରେ
ଫେରିଲାବେଳକୁ ପ୍ରବଳ ବର୍ଷାରେ
ଗୋଟାପଣେ ଓଦା, ଘଡ଼ ଘଡ଼ି ବିଜୁଳିରେ
କହୁଥିଲି 'ରାମ୍ ରାମ୍' ଥରଥର କଣ୍ଠରେ

ତା' ପରଦିନ ଭୀଷଣ ଥଣ୍ଡା ସର୍ଦ୍ଦି ଜ୍ୱର ମୋତେ
ମା' ରାଗରେ ଗରଗର -
'କାହିଁକି ଛୋଟ ପିଲାଟାକୁ ନେଇଥିଲ ଏତେ ବାଟ ?'
ମୋ ମନରେ କିନ୍ତୁ ନଥିଲା ଦୁଃଖ
ବାପା ଥିଲେ ବୋଲି ।

ଥରେ ସାନ ଭାଇ ହଜିଗଲା
ଖୋଜୁ ଖୋଜୁ ସେ ଏକ କରତକଲ ପାଖରେ
ଠିଆ ହୋଇ ଦେଖୁଥିଲା
କିପରି କଟା ହେଉଛି କାଠଖଣ୍ଡମାନଙ୍କୁ,
ଏବେ ଲାଗୁଛି ସତେ ଯେପରି
ଆମର ଆଶା ଆକାଙ୍କ୍ଷାମାନଙ୍କୁ କଟା ହେଉଛି
ଖଣ୍ଡ ଖଣ୍ଡ କରି ଅଦୃଶ୍ୟ କରତରେ ।

କୋନ୍ ଭଳି କାଗଜ ପୁଡ଼ିଆରେ
ଆମେ ଖାଉଥିଲୁ ଚିନାବାଦାମ
ପ୍ରଜାପତି ଧରିବାକୁ ଦୌଡୁଥିଲୁ
ଗଣୁଥିଲୁ ରାସ୍ତାରେ ଯାଉଥିଲା
କେତେଟା ସାଇକେଲ, କାଁ ଭାଁ ସ୍କୁଟର
ରାତିରେ ଇଲେକ୍‌ଟ୍ରିକ୍ ଆଲୁଅରେ
ଦେଖୁଥିଲୁ ନାଲି ପିମ୍ପୁଡ଼ିର ଧାର
ଶିଶୁ ଶ୍ରେଣୀରେ ମୋତେ ଥରେ ହୋଇଥିଲା
ଭୀଷଣ ଟାଇଫଏଡ୍ ଜ୍ୱର ।

ଖରାଦିନେ ସଂଧ୍ୟାରେ ବୋହୁଥିଲା
ଶୀତଳ ଝିଲ୍ ଝିଲ୍ ପବନ
କୃଷ୍ଣଚୂଡ଼ା ହସୁଥିଲା
ଆକାଶରେ ହର ରଙ୍ଗୀ ମେଘ
ଖେଳୁଥିଲେ ଲୁଚକାଳି
ଆମର ପେଣ୍ଟୁ ଛୁଉଁଥିଲା ଆକାଶ ତ
ଭିନ୍ନ ଭିନ୍ନ ଆମ୍ବର ସ୍ୱାଦରେ
ସମୟର ମନ ମୋହିତ, କଲ୍ଲୋଳିତ ।

ଏବେ କିନ୍ତୁ ମିଠା ଆମ୍ବର ସ୍ୱାଦ
ଗ୍ରହଣ କରିବାକୁ ମନା ସମୟର ସାୟାହ୍ନରେ
ରକ୍ତର ଶର୍କରା ଯେ ବଢୁଅଛି ହୁ ହୁ ହୋଇ
ସବୁ ମିଠା ମିଠା ସ୍ୱପ୍ନ ଦେଖିବା ମନା
ଜୀବନଟା ଏବେ ଖାଲି ପିତା ପିତା
ଧୀରେ ଧୀରେ ହୋଇଯାଉଛି କ୍ଷୟ
ଦୀପଟା ଲିଭି ଲିଭି ଆସିଲାଣି
ପୁଅରୁ ବାପା, ବାପାରୁ ଜେଜେ
ପୁଣି ଅଜା ହୋଇ ଅଙ୍ଗେ ନିଭେଇ ସାରିଲିଣି
ଜୀବନର ଯେତେକ ଅଧ୍ୟାୟ ॥

ଅଭିନୟ

ଟିକିଏ ଟିକିଏ କଥାରେ
ତମେ କ'ଣ ସବୁବେଳେ କରୁଛ
ମୋ ସହ କଳିଗୋଳ ଏ କଳିକାଳରେ ?

କଳିଗୋଳ ନ କରିବାକୁ
ଯେତେ ଯେତେ ଫନ୍ଦିଫିକର କଲେ ମଧ୍ୟ
କ'ଣ ତମେ ଛୁଇଁପାରୁଛ କି
ମୋ ଅନ୍ତରାତ୍ମାକୁ ନା ନ ଛୁଇଁପାରିବାର
ଅଭିନୟ କରୁଛ
ତେଲଲୁଣ ସଂସାରର ଏ ଅଦୃଶ୍ୟ ରଙ୍ଗମଞ୍ଚରେ !

ଦିନକୁ ଦିନ ଅନ୍ତଃସାରଶୂନ୍ୟ ହେଲାଭଳି
ଲାଗିଲାଣି ମୋତେ ଏ ଦୈନ୍ୟନ୍ଦିନ କଳିଗୋଳରେ,
ନା ମୋତେ ଲାଗୁଅଛି
ଯେତେ ଯେତେ ତମେ ଅଧିକ କଳିଗୋଳ କରୁଅଛ
ସେତେ ସେତେ ମୋତେ ତମେ
ଅଧିକ ଭଲ ପାଉଅଛ, ନ ହେଲେ
କ'ଣ ଏମିତି କିଏ କଳି କରେ
ଅସାଧାରଣ ଭଳି ଲାଗୁଥିବା
ସାଧାରଣ କଥାରେ
କୌଣସି ଇତର ଲୋକ ସହ ନିର୍ଦ୍ୱନ୍ଦ୍ୱରେ !

ଏଥର ଭାବିଲି ତମେ ମୁହଁ ଫଟାଇ ଫଟାଇ
ମୋର ସାମାନ୍ୟ ଅପରିଣାମଦର୍ଶିତାରେ
କଳି କରିବାର ଅଙ୍ଗଭଙ୍ଗୀ କଲାବେଳେ
ମୁଁ ଅକୃତ୍ରିମ ହସମାନଙ୍କୁ ଫୁଟେଇ ଫୁଟେଇ
ତମ ଆଡ଼କୁ ନିସ୍ତେଜ ଶକ୍ତ ହସ୍ତ ପ୍ରସାରିତ
କରିଦେବି କେଉଁ ଉଦ୍ଦେଶ୍ୟରେ
ତାହା ତମେ ବୁଝିପାରି ନ ବୁଝିପାରିବାର
ଅଭିନୟ କଲେ ମଧ୍ୟ
ମୁଁ କେଉଁ ପଛକୁ ହଟିଯିବି ନାହିଁ
ବରଂ 'ଗିରିଶିଖେ ଲୟ ରଖି ଚାଲିବି ମୁକର ।'

■

ଅଦୃଶ୍ୟ ପଞ୍ଜାରେ

ତମ ମୁଣ୍ଡ ବଥଉଚି କାହିଁକି
ମୋର ମୁଣ୍ଡ ବଥଉ ନଥିବା ପ୍ରତିଟି କଥାରେ ?

ତମ ମୁଣ୍ଡ ବଥେଇବା ବେଳେ
ମୋ ମୁଣ୍ଡ ମଧ୍ୟ ବଥାଏ
ନ ବଥେଇବା ପାଇଁ ଶତ ଚେଷ୍ଟା କରି ସୁଦ୍ଧା
ଆମ ଦୁହିଁଙ୍କର ମୁଣ୍ଡ ବଥଉଥାଏ କାହିଁକି
ଯେଉଁ ସ୍ଥାନରେ ନ ହୋଇ
କୌଣସି ଏକ ଅଦୃଶ୍ୟ, ଅଚିନ୍ତ୍ୟ
ସୂଚ୍ୟାଗ୍ର ସ୍ଥାନରେ ଏକାନ୍ତ ଭାବରେ,
ଏକ ନାତିଦୀର୍ଘଶ୍ୱାସରେ
ମୋର ସାରା ପରମାୟୁ
ବିଲୀନ ହୋଇଯାଏ
ତମର ରକ୍ତମାଂସ ନ ଥିବା ଶରୀରର
ନିର୍ମୋକ ପରମାୟୁରେ ।

ମୁଁ ଭାସି ଭାସି ଯାଉଥିବି
ତମର ଶୁଣାଯାଉ ନଥିବା
ମୁଚୁକୁନ୍ଦ ହସର ସର୍ପିଳ ନଦୀରେ
ଅନ୍ଧାରରେ ଅଚେ଼ତନ ଜହ୍ନ ଆଲୁଅରେ
ମ୍ଳାନ ପଡ଼ିଯାଇଥିବା ଉଜ୍ଜଳ ନକ୍ଷତ୍ରର
ସ୍ପର୍ନ୍ଧିତ ସ୍ପନ୍ଦନରେ
ନିରୁଦ୍ଦିଷ୍ଟ ହୋଇଯାଉଥିବ
ମୋ ପାଟିରୁ ବାହାରିପାରୁ ନଥିବା ଶବ୍ଦ ସବୁ
ସମୟର କରାଳ ଲାଗୁନଥିବା
ଅଦୃଶ୍ୟ ପଞ୍ଝାରେ ॥

■

ନଈ ପହଁରା

ଜୋରରେ ଭିଡ଼ି ଧରି ତମ ହାତକୁ
ଓହ୍ଲାଉଥିଲି ନଈର ଉଷ୍ମଜଳକୁ ।

ଓହ୍ଲାଇଲାବେଳେ ଆଶାର ଶିଉଳିଲଗା
ଚିକ୍‌କଣ ପଥରରେ
ଗୋଡ଼ ଖସିଗଲା ଯେ ତଳକୁ ତଳକୁ
ସମୟ ସ୍ରୋତର ଘେରାବାଲିରେ,
ଘୂର୍ଣ୍ଣୟମାନ ହେବା ପୂର୍ବରୁ
ମୋତେ ଲାଗିଲା ତୁମେ ତୁମ ହାତର
ଅଦୃଶ୍ୟ ଯାଦୁକରୀରେ
ଟାଣିନେଲ ଉପରକୁ ଉପରକୁ ମୋର ହାତ
ମୁଁ ଯେପରି ଟଳମଳ ଅବସ୍ଥାରେ
ଅବସ୍ଥାପିତ ଜଳର ଉପର ସ୍ତରରେ
ପହଁରା ଜାଣି ନଥିବାର ଅଭିନୟ
ନ କରୁଥିଲେ ମଧ୍ୟ ହଠାତ୍ ମୁଁ ଯେପରି
ସମସ୍ତ ପ୍ରକାର ପହଁରାର କୌଶଳ ଶିଖିଗଲି
ତମର ସେ ଅଦୃଶ୍ୟ ଯାଦୁକରୀରେ ।

ଓସ୍ତାଦ ପହଁରାଳୀ ପରି ମୁଁ ତା'ପରେ
ଠିଆ ପହଁରା, ଚିତ୍ ପହଁରା ଆଉ ବୁଡ଼ା ପହଁରାରେ
ନଈର ଉପର ସ୍ତର,

ତଳ ସ୍ତରକୁ କରିଦେଲି ଖିନ୍‌ଭିନ୍
ବୁଡ଼ା ପହଁରାରେ ପଇଁତରା ମାରିଲାବେଳେ
ରଙ୍ଗୀନ ମାଛମାନେ ମଧ୍ୟ ମୋ ସହ ଘଷି ହୋଇ
ପହଁରୁଥିଲେ ଭିନ୍ନ ଭିନ୍ନ ଠାଣିରେ
କରୁଥିଲେ କଥାବାର୍ତ୍ତା ଅନାୟସେ
ସେମାନଙ୍କ ଆଖି ଡୋଳାର ନୃତ୍ୟରେ ।

ମୁଁ ତମ ହାତ ଧରି କହିଲି ଆସ
ମୁଁ ତ ଏବେ ଶିଖିଗଲିଣି ପହଁରା
ଆସ ତମକୁ ଶିଖେଇ ଦେବି
କେମିତି ପହଁରିବାକୁ ହୁଏ
ଅଥଳ ଥଳ ଜଳରେ
କେମିତି ଲମ୍ଫ ଦେବାକୁ ହୁଏ
ନଈର ଗହ୍ୱରରେ !

ପରେ ଭାବିଲି ମୁଁ ବା କିଏ ?
ସମସ୍ତ ତ ତମ ଅଦୃଶ୍ୟ ଯାଦୁକରୀ
ମୁଁ ବା କ'ଣ ତମକୁ ଶିଖେଇବି ପହଁରା
ମୋ ଲୁକ୍କାୟିତ ଆକାଶରେ
ଉଙ୍କିମାରେ ଯେ ଏକ ଅନାହୂତ ଭୟ
ତମେ ତ ସବୁ ଜାଣିଅଛ
ଯାହା ଜାଣି ନ ଥିବାର କରୁଥିଲ ଅଭିନୟ ॥

■

ଅନ୍ଧ

ମୋର ଆଖି ଅଛି
ସୁନ୍ଦର ଭୂଲତା ଅଛି ଆଖିରେ
ଡୋଳା ଅଛି ଯାହା ମଧ୍ୟ
ବିଚରଣ କରିପାରେ ସ୍ୱଚ୍ଛନ୍ଦରେ !

ମୁଁ ଆଖି ମୁଦି ପାରୁଛି
ଭାବିଲା ମାତ୍ରେ ଓ ଶୋଇଲା ବେଳେ ମଧ୍ୟ
ଅନେଇ ପାରୁଛି ଚାହିଁବା ମାତ୍ରେ
କିନ୍ତୁ ମୁଁ କିଛି ଦେଖି ପାରୁନାହିଁ
ସମସ୍ତେ କହନ୍ତି ମୁଁ କୁଆଡ଼େ ଅନ୍ଧ !
ଖାଲି ମୁଁ ଶୁଣୁଛି ଯେ ଅଛି ଆଲୁଅ ଓ ଅନ୍ଧାର
ଗୋଲାପ ଫୁଲଟା ଦିଶୁଛି ଖୁବ୍ ସୁନ୍ଦର
ସକାଳର ସୂର୍ଯ୍ୟୋଦୟ ଓ ସଂଧ୍ୟାର ସୂର୍ଯ୍ୟାସ୍ତ
ଦିଶୁଛି ଆହା କି ମନୋହର !
ମୁଁ କେବଳ ତାକୁ ଅନୁଭବିଛି
ମୋ ଦୃଷ୍ଟିକୁ ମୋ ମନପାଖକୁ ଓହ୍ଲାଇଆଣି ବାରମ୍ବାର ।

ମୋ ହୃଦୟରେ ସ୍ନେହ, ପ୍ରେମ ସବୁ
ଅଛି ଭରପୁର, ଅଳିନ୍ଦ ନିଳୟରେ
ଆଶା ଆକାଙ୍କ୍ଷାର ରକ୍ତସବୁ
ଠିକ୍ ଭାବେ ହେଉଛନ୍ତି ପ୍ରବାହିତ
କିନ୍ତୁ କ'ଣ ଗୋଟାଏ ନଥିଲା ଭଳି
ହୁଏ ଅନୁଭବ, ଯାହାକୁ କିନ୍ତୁ ମୁଁ
କରେନି ଭ୍ରୂକ୍ଷେପ ।

ମୁଁ ସିନା ଆଖିରେ ଅନ୍ଧ
କିନ୍ତୁ ନୁହେଁ କାର୍ଯ୍ୟ କରଣରେ
ନୁହେଁ ମଧ ମସ୍ତିଷ୍କର ସୂକ୍ଷ୍ମ ତନ୍ତ୍ରୀମାନଙ୍କରେ
ମୁଁ ସ୍ୱପ୍ନ ଦେଖିପାରେ ଗଭୀର ରାତ୍ରିରେ
ଯେଉଁ ସ୍ୱପ୍ନରେ ଓହ୍ଲାଇ ଆସନ୍ତି
ଆକାଶରୁ ଅପରୂପା ପରୀମାନେ
ଦେଖିବାକୁ ମୋ ଆଖିର ନୀଳ ସମୁଦ୍ରକୁ
ଓ ଆଉଁସି ଦେବାକୁ ତାର
ଅଗଣିତ ଫେନୀଳ ଢେଉମାନଙ୍କୁ ।

ମୁଁ ସିନା ଅନ୍ଧ
ଅବିରତ ଚେଷ୍ଟା କିନ୍ତୁ ଚଳେଇଛି
ଲଘିବାକୁ ଉତ୍ତୁଙ୍ଗ ଶିଖର,
ଅଥଚ୍ ଏ ଦୁନିଆଁରେ
କିଏ ଅନ୍ଧ ଧନ ପାଇଁ ତ

କିଏ ଅନ୍ଧ ମାନ ପାଇଁ
କିଏ ନେତା ପଦ ପାଇଁ ତ
କିଏ କୋଇଲା ଖଣି ଲିଜ୍ ପାଇଁ
କିଏ ଅନ୍ଧ ପୁଣି ସୁନ୍ଦରୀ ଅଭିନେତ୍ରୀ ପାଇଁ ।

ଇତିହାସରେ ଏମିତି ପୁଣି ଅନ୍ଧ ଅଛନ୍ତି
ଯେଉଁମାନେ ଅନ୍ଧ ହୋଇ ମଧ ଅନ୍ଧ
ପୁତ୍ର ମୋହ ପାଇଁ
ରକ୍ତର ସୁଅ ପଛେ ଛୁଟୁ କୁରୁକ୍ଷେତ୍ରରେ
ଅଠରଦିନ ପାଇଁ ॥

■

ସମୟର ଖେଳ

ବୟସ ଗଡ଼ିଗଲେ
ଦେହରୁ ଆଉ ନିଗିଡ଼ିବାକୁ ନଥାଏ
ଲୁହ କି ଲହୁ
ସମୟ ପିଠିକୁ ଖାଲି ଆଉଁସୁଥିବ
କିନ୍ତୁ କିଛି କରିପାରିବନି
ନା ଘଷ, ନା ତଳିରୁଆ
ନା ପାଣି ମଡ଼େଇବା
ନା ଫଳେଇ ପାରିବ ଫଳ ।

ମନ ମରିଗଲେ
ଇପ୍‌ସିତ ଆକାଙ୍‌କ୍ଷିତ ଇଛା
ବି ସମାଧି ନିଏ,
ଗୋଲାପର ମୁନିଆଁ କଣ୍ଟାରେ
ବାଜିଯାଉଥାଏ ନିସ୍ତେଜ ହାତ
ଯେତେ ସବୁ ସୁଦୃଶ୍ୟ ହୁଏ ଅଦୃଶ୍ୟ
କୋମଳ ଗାନ୍ଧାର ସବୁ ହୁଏ କର୍କଶ
ବର୍ତ୍ତିଳ ଆକାଶରୁ ଖସୁଥାଏ

ଭୟଙ୍କର ଧୂମକେତୁ
ଆଗ୍ନେୟଗିରିରୁ ଉଦ୍‌ଗିରୀଣ ହେଉଥାଏ
ଜାଜ୍ଜ୍ୱଲ୍ୟମାନ ଉତ୍ତପ୍ତ ଲାଭାର ପିଣ୍ଡୁଳା
କୋଇଲିର କଣ୍ଠ ପଡ଼ିଯାଏ
ନଈର ସୁଅରେ ଭାସିଯାଉଥାଏ
ଜୀବନ୍ତ ସ୍ମୃତିର ବର୍ତ୍ତୁଳ ମେଖଳା ।

ସବୁ ଗୋଟେ ଗୋଟେ
ଖେଳ ସମୟର
ଆମେ ଗୋଟେ ଗୋଟେ କାଠ ପୁତ୍ତଳିକା
ତା'ର ଅଦୃଶ୍ୟ ହାତର ॥

■

ଅବ୍ୟକ୍ତ ସମୟ

ବ୍ୟକ୍ତ କରିବାକୁ ସମୟକୁ
ମୋ ପାଖେ କାହିଁ ଯେ ସମୟ !

ତଥାପି ମୋତେ ବାହାର କରିବାକୁ ପଡ଼ିବ ସମୟ
କିନ୍ତୁ ତାକୁ ବ୍ୟକ୍ତ କରିବାକୁ
କାହିଁ ଯେ ମୋ ପାଖେ ଗାଣିତିକ ସୂତ୍ର !
ମାପିବାକୁ ତାର ଦୈର୍ଘ୍ୟ ପ୍ରସ୍ଥ
ପରିସୀମା, କ୍ଷେତ୍ରଫଳ, ବ୍ୟାସ ଓ ବ୍ୟାସାର୍ଦ୍ଧ
କେମିତି କରିବି ବା ତାର ଜ୍ୟାମିତିକ ଅଙ୍କନ
ସେ କ'ଣ ବର୍ତ୍ତୁଳ, ଆୟତାକାର,
ଟ୍ରାପିଜିୟମ, ଅସମବାହୁ ତ୍ରିଭୂଜ
ନା ଅନନ୍ତ ବାହୁର
ଏକ ଅଦୃଶ୍ୟ, ଅକଳ୍ପ ଚିତ୍ରପଟ ?

ତାକୁ ବ୍ୟକ୍ତ କରିବାକୁ
କ୍ଷିତ୍, ଅପ୍, ତେଜ, ମରୁତ ଓ ବ୍ୟୋମମାନଙ୍କୁ ନେଇ
ପରୀକ୍ଷଣର ଉପକରଣ
ତା ସଂଗେ ସଂଗେ ନେଇ ସ୍ଥାନ, କାଳ ଓ ପାତ୍ରଙ୍କୁ,
ପରୀକ୍ଷଣ ପରେ ପରୀକ୍ଷଣ
ଅନେକ ପରୀକ୍ଷଣ ପରେ ପରୀକ୍ଷଣ
କିନ୍ତୁ ମୁଁ ଫେରେ ଅର୍ଦ୍ଧରାତ୍ରିରେ
ଘର୍ମାକ୍ତରେ, ରିକ୍ତ ହସ୍ତରେ

ଅମା ଅନ୍ଧକାରେ ଖଦ୍ୟୋତର ନକ୍ଷତ୍ର ଆଲୋକରେ
ଆଶାର କିରଣ ଟିକେ ଦପ୍ ଦପ୍ ହୋଇ ଉଠେ
କେଉଁ ଏକ ଦୂର ଦିଗ୍‌ବଳୟରେ,
ପୁଣି ନବ ଉନ୍ମାଦନାରେ ତହିଁ ପରଦିନ
ଲାଗିପଡ଼େ ପରୀକ୍ଷାଗାରରେ କରିବାକୁ କିଛି ଗୋଟେ
ନୂତନ ଆବିଷ୍କାର : ସମୟର ବିସ୍ଫୋରଣ ।

କିନ୍ତୁ ସବୁ ବୃଥା ଆସ୍ଫାଳନ
ଯେତେ ଯେତେ ପରୀକ୍ଷା ନିରୀକ୍ଷା କରି ସୁଦ୍ଧା
ବର୍ଷ ବର୍ଷ ଧରି ଯୁଗ ଯୁଗ ଧରି, ଅନନ୍ତ ସମୟ ଧରି
ତଥାପି ସେ ଅବ୍ୟକ୍ତ, ଗୋଟାପଣେ ଅବ୍ୟକ୍ତ
ମୁଁ ଶେଷରେ ଉପରକୁ ଟେକି ଦେଲି ହାତ ॥

ମାୟାର ଚକ୍ରବ୍ୟୂହ

ସେ ସରୀସୃପଟି ହୋଇଛି ମୃତ
କିନ୍ତୁ ତାହା କାହା ପାଇଁ ଅମୃତ
ଲାଗିଛନ୍ତି ପିମ୍ପୁଡ଼ିର ଧାର
ଖାଦ୍ୟ ଖାଦର ଖେଳ ଏଠି
ଏ ମାୟା ଚକ୍ରବ୍ୟୂହରେ
ଖାଦକ ଦିନେ ହୁଏ ଖାଦ୍ୟ
ସବୁ ବଳବୀର୍ଜ ତାର
ଦିନେ ହୋଇଯାଏ ଚୁରମାର୍ ।

ନର୍କରେ ବି ନିର୍ମାଲ୍ୟ ମିଳିପାରେ
ସ୍ୱର୍ଗରେ ବି ମିଳିପାରେ ନର୍କ ଯନ୍ତ୍ରଣା
ଏଇ ପୃଥିବୀ କାହା ପାଇଁ ନର୍କ ତ
କାହା ପାଇଁ ସ୍ୱର୍ଗ ।
ଯେ ଯାହାର କର୍ମ ଅନୁସାରେ
ଭୋଗୁଛନ୍ତି ଫଳ
ସମୟର ସ୍ୱାଦ ଚାଖୁଛନ୍ତି
ଅମୃତ ଫଳରେ ଅବା ମହାକାଳ ଫଳରେ ।

ପାପପଙ୍କରେ ଫୁଟିଅଛି
ପୁଣ୍ୟର ପଦ୍ମଫୁଲ ତ
ପୁଣ୍ୟର ଅମରାବତୀରେ
ପାପର ପ୍ରସ୍ଥା ବଢ଼ଉଛନ୍ତି
ପଥଭ୍ରଷ୍ଟ ତଥାକଥିତ
ସମାଜର ବଡ଼ପଣ୍ଡାଗଣ ।

ଏଠି ସତେ ଭାରି କଷ୍ଟ
ଭେଦିବା ମାୟାର ଚକ୍ରବ୍ୟୂହ ॥

■

ସମୟର ଘେରାବାଲିରେ

ବାପା ଥିଲେ ବୋଲି
ଏତେ କଥା କରୁଥିଲେ
ଏତେ କଥା ସହୁଥିଲେ
ପାହାଡ଼ ମାଡ଼ି ଆସିଲେ ମଧ୍ୟ
କୃଷ୍ଣଙ୍କ ପରି ଗୋଟିଏ ଆଙ୍ଗୁଠିରେ
ଟେକି ଦେଉଥିଲେ ଉପରକୁ ଶୂନ୍ୟେ ଶୂନ୍ୟେ ।

ପିଲାଦିନେ ଗାଁରେ ବିଜୁଳୀ ଆଲୁଅ ନଥିଲାବେଳେ
ନିର୍ମମ ଖରାଦିନେ ଆମେ ଶୋଉଥିଲୁ ରାତିରେ
ମଶାରି ଟାଙ୍ଗି ଅଗଣାର ତକ୍ତପୋଷ ଉପରେ
ବାପା ହାତ ପଙ୍ଖାରେ ଦେଉଥିଲେ ବିଞ୍ଚି
ମଶାରିରେ ମା' ପାଣି ଦେଉଥିଲା ଛିଞ୍ଚି
ଆମକୁ ଜଣା ପଡୁ ନଥିଲା
ଖରାଦିନର କ୍ରୋଧାଗ୍ନି
ଅଥଚ୍ ଏବେ ତାହା ଖୁବ୍ ବାଧୁଛି ଆମକୁ
ପଶୁଛୁ ଶୀତତାପ ନିୟନ୍ତ୍ରିତ କୋଠରୀ ଭିତରକୁ ।

ପିଲାଦିନେ ଭାରି ସୁଆଦ ଲାଗୁଥିଲା
ଦଶଘର କମ୍ପୁଥିବା ମା' ହାତରନ୍ଧା
ଛୁଙ୍କଦିଆ ସନ୍ତୁଳା, ଗୋଟାବାଇଗଣ ଭଜା
ବଡ଼ିଚୁରା, ଗୋଟାଆମ୍ବ ଆଚ୍ଚର
ଆରିଷା, ମାଲପୁଆ, କାନ୍ତି, କାକରା
ଚଉତାଚକୁଳି, ମଣ୍ଡା ଓ ମିଠାବରା ।

ଆଜି ସେ ସବୁ ସ୍ୱପ୍ନ
ଗଲାଣି ଭାସି ସମୟ ସୁଅରେ
ଆମେ ବସିଛୁ ଏବେ ଏକ ଦଦରା ଡଙ୍ଗାରେ
ପୃଥିବୀଟା ଆମକୁ ଦେଖାଯାଉଛି ଝାପ୍‌ସା ଝାପ୍‌ସା
ଆମେ ସବୁ ବନିଯାଉଛୁ
ଗୋଟିଏ ଗୋଟିଏ ଅଦୃଶ୍ୟ ବିନ୍ଦୁ
ସମୟର ଚୋରାବାଲିରେ ॥

■

ବାପା ଥିଲେ ବୋଲି

ବାପା ଥିଲେ ବୋଲି
ଆମକୁ ଡର ଭୟ କ'ଣ
ପଡୁ ନ ଥିଲା ଜଣା
ସବୁ କାମ ଯେପରି ଚାଲୁଥିଲା ସୁରୁଖୁରୁରେ
ଖୋଜି ଖୋଜି ସଠିକ୍ ଠିକଣା ।

ଝରକାବାଟେ ବିପଦ ଦେଖେଇଲେ ମୁହଁ
ବାପା ତାକୁ ଅନାୟସେ ବୁଝାଇ ସୁଝାଇ
ଏମିତି ବିଦା କରି ଦେଉଥିଲେ ଯେ
ପୁଣି ଥରେ ମୁହଁ ଦେଖେଇବାକୁ
ସେ ଆଉ କରୁ ନ ଥିଲା ସାହସ ।
ଆମେ ପିଲାମାନେ ଅନାୟସେ ଖେଳୁଥିଲୁ
ସୁରକ୍ଷିତ ଅଗଣାରେ, ଛାତ ଉପରେ,
ବାଡ଼ିପଟ ଖଳା ବାଡ଼ିରେ ଧରୁଥିଲୁ କଙ୍କି
ମହୁମାଛିଠାରୁ ଆଣୁଥିଲୁ ମହୁ
ପ୍ରଜାପତିଠାରୁ ରଙ୍ଗ
କୋଇଲିଠାରୁ ଶୁଣୁଥିଲୁ ସଙ୍ଗୀତ ।

ବାପା ଥିଲେ ବୋଲି
ତାଙ୍କଠାରୁ ବୁଝି ନେଉଥିଲି
ଇଂରାଜୀର କଷ୍ଟ ଶବ୍ଦ ଓ ବ୍ୟାକରଣ
ଆଲ୍‌ଜେବ୍ରାର ଦୂର୍ବୋଧ ସୂତ୍ର ତ
ସାହିତ୍ୟର ବାଖ୍ୟା
ପଢୁଥିଲି ସେ ଲେଖିଥିବା କବିତା
'ଜୀବନ ମରଣ ସଖା' ।

ବାପା ଥିଲେ ବୋଲି
ସଂସାରଟା ଲାଗୁଥିଲା ଭାରି ମୁଲାଏମ
ଦିନଗୁଡ଼ିକ କଟୁଥିଲା ସୋଜା ଗଣିତ ଭଳି
ସମୟ ସୁଅରେ ବୋହିଗଲା କିପରି ନିମିଷକେ
ସ୍କୁଲ, କଲେଜର ଦିନଗୁଡ଼ିକ
ଆଦୌ ଜଣା ପଡ଼ିଲାନି ।

ଚାକିରୀ ଜୀବନ ଶେଷରେ ହଠାତ୍ ଦିନେ
ବାପା ଚାଲିଗଲେ ସବୁଦିନ ପାଇଁ
'ସ୍ୱର୍ଗଦ୍ୱାର' ଗାଡ଼ିରେ ପୁରୀକୁ, ସ୍ୱର୍ଗକୁ
ମୁଁ ହେଲି ନଣ୍ଡା
ଏବେ ଲାଗୁଛି ସତେ ଯେପରି
ମୁଣ୍ଡ ଉପରେ ଝୁଲୁଛି ଡେମୋକ୍ଲିସ୍‌ର ଖଣ୍ଡା ॥

■

ବାପାଙ୍କ ସାର୍ଟ

ଆଜି ଯାଇଥିଲି ଗାଁକୁ
ଖୋଲିଲି ବାପାଙ୍କ ରୁମ୍‌ର ତାଲା
ଠାଏ ଠାଏ ହୋଇଗଲାଣି ଅଳନ୍ଧୁ
ସଫା କଲି ସବୁ ଝାଡି ଝୁଡ଼ି
ବା'ପଟ ର୍‍ୟାକ୍‌ରେ ଝୁଲୁଛି
ବାପାଙ୍କ ସେଇ ସୂତାର ଧଳା ସାର୍ଟଟି
ଯାହାକୁ ସେ ପିନ୍ଧୁଥିଲେ ଖରାଦିନେ
ଗରମକୁ ପ୍ରତିରୋଧ କରିବ ବୋଲି
ଯେପରି ସେ ପ୍ରତିରୋଧ କରିଚାଲିଥିଲେ
ତମାମ ଜୀବନର ନ ଜଣାଇ ଆବିର୍ଭାବ
ହେଉଥିବା ଛୋଟ ମୋଟ ସମସ୍ୟାମାନଙ୍କୁ
ଖୁଉବ୍ ନିର୍ବିକାର ଚିତ୍ତରେ
ଯାଦୁକର ଦେଖାଉଥିବା ମ୍ୟାଜିକ୍ ଭଳି ।

ସେଇ ସାର୍ଟକୁ ଆଉଁସି ଦେଲି ଟିକିଏ
ତାର ପକେଟକୁ ଦରାଣ୍ଡିଲେ ମିଳିବ ଚିରିକୁଟି
କ'ଣ କ'ଣ ସଉଦା ଆସିବ ରାମ ପାତ୍ର ଦୋକାନରୁ
କି କି ପରିବା ଆସିବ ହାଟରୁ
ମା' କହିଥିବ : ମନେ ପକେଇ ଆଣିବ ଔଷଧ
ସାନ ପୁଅ ପାଇଁ, ତାର ଜ୍ୱର
ଚାରିଦିନ ହେଲା ଆଦୌ ଛାଡୁନି ଜମାରୁ ।

ବାପା କହୁଥିବେ : ଏ ବର୍ଷ ଶୀତ ଦିନେ ଆଣିବା
ଡାବର ଚ୍ୟବନପ୍ରାଶ ଓ ମହୁ
ପିଲାମାନେ ଖାଇବେ ସଂଧ୍ୟାବେଳେ
ଥଣ୍ଡା ସର୍ଦ୍ଦି ଆଉ ଡରି ଆସିବନି
ପିଲାଙ୍କ ପରୀକ୍ଷା ଆସିଲେ କହିବେ :
ରାତିରେ ଅଧକପ୍ ପାଣିରେ
ମିଶାଇ ପିଇବାକୁ ଚମଚେ଼ ଫସ୍‌ଫୋମିନ୍ ।

ସବୁ ଆଜି ସ୍ୱପ୍ନ
କର୍ପୂର ଉଡ଼ିଯାଇଛି
ବାପାଙ୍କ ଧଳା ସାର୍ଟଟି ଯାହା
ଖାଲି ପଡ଼ି ରହିଛି ॥

■

ଇପ୍‌ସିତ ବିନ୍ଦୁରେ

ଘନଘୋର ଅନ୍ଧାର ଭିତରେ
ତୁହାକୁ ତୁହା ବର୍ଷାରେ
ସେ ଭିଜୁଥାଏ, ମଜ୍ଜୁଥାଏ, ହଜୁଥାଏ
ଆଖିକୁ ଚମକଉଥିବା ବିଜୁଳୀର ହୃଦୟରେ
କାନକୁ ତାବ୍‌ଦା କରୁଥିବା
ପ୍ରଚ଼ଣ୍ଡ ଘଡ଼ଘଡ଼ି ଶବ୍ଦର ପର୍ବତରେ ।

ଆଳତୀ କରୁଥାଏ ଦେହର ମନ୍ଦିରରେ
ଧୂପ ଦୀପ ଅଗୁରୁ ଚନ୍ଦନରେ
ସମ୍ମୋହିତ ହେଉଥାଏ ମନ୍ତ୍ର, ତନ୍ତ୍ର, ଯନ୍ତ୍ରରେ
ତ୍ରିନେତ୍ରରୁ ବିଚ୍ଛୁରିତ ହେଉଥାଏ ଦିବ୍ୟଜ୍ୟୋତି
ସମୟର କୌଣସି ଏକ ଅଜଣା ବିନ୍ଦୁରେ
ସେ ଜ୍ୟୋତିର ମୂଳପିଣ୍ଡକୁ ଖୋଜି ଖୋଜି
ସେ ଦୌଡ଼ୁଥାଏ ଅହର୍ନିଶ
ହାତ ଗୋଡ଼ କ୍ଷତାକ୍ତ କରି
ଦୌଡ଼ୁଥାଏ, ଦୌଡ଼ୁଥାଏ
ପୁଣି ଭାସି ଭାସି ଚାଲିଥାଏ
ଅଥଳ ଥଳ ସମୁଦ୍ରରେ
କାଠଭେଳା ଖଣ୍ଡେ ଧରି ।

ପୁଣି ସେ ଯୁଦ୍ଧ କରୁଥାଏ
ସାର୍କ, ନୀଳ ତିମି ସହ
ବିଚିତ୍ର, ବିବର୍ଣ୍ଣ, ଅବିଶ୍ୱସନୀୟ ପରିସ୍ଥିତି ସହ
ସାମନା କରି କରି, ଦେହରୁ ଲୁହ ଓ ଲହୁ ବୁହାଇ
କେତେବେଳେ ସେ ପହଞ୍ଚିବ
ତାର ଚିର ଇପ୍ସିତ ବିନ୍ଦୁରେ ॥

ଜୀବନ

ପାଣି ଫୋଟକା ପରାଏ ଜୀବନ
ଲୋଡ଼ା ଅହର୍ନିଶ ପାଣି ଓ ପବନ
ହୃଦୟର ଅଳିନ୍ଦ ନିଳୟରୁ ଝରୁଥାଏ
କୁଳୁ କୁଳୁ ନାଦରେ
ନୀଳ ଲୋହିତ ରକ୍ତର ଝରଣା
ଅବିରାମ ଗତିରେ ।

ଚର୍ମଘେରା ଅସ୍ଥି ମାଂସରେ ଅସ୍ଥିର ପ୍ରାଣ
ତଥାପି ସେ ଡେଉଁଥାଏ
ଲକ୍ଷ୍ମଣରେଖା ପ୍ରତିଦିନ
ଭୂକ୍ଷେପ ତାର ନାହିଁ କାହାକୁ
ଲମ୍ଫ ମାରିବ ସେ ମର୍ତ୍ତ୍ୟରୁ
ସ୍ୱର୍ଗର ଇନ୍ଦ୍ରପୁରୀକୁ
ନା ହଠାତ୍ ଖସିଯିବ ପାତାଳକୁ
ନା ତ୍ରିଶଙ୍କୁ ହୋଇ ରହିଯିବ
ଚିରକାଳ ପାଇଁ !

କିନ୍ତୁ ପାଣି ଫୋଟକାଏ ପାଇଁ
ଏତେ ଯେ ସମୟ ବା କାହିଁ
ଦେଖିବାକୁ ସ୍ୱପ୍ନ ପରେ ସ୍ୱପ୍ନ
ଯାହାର ପୂର୍ବ ପର
ଶୂନ୍ୟତାରେ ପୂର୍ଣ୍ଣ ॥

ମୋହାବିଷ୍ଟ

ଶୂନ୍ୟ ହେଲେ
ହଜିଗଲି ମହାଶୂନ୍ୟତାରେ
ପୂର୍ଣ୍ଣ ହେଲେ ପୁରିଗଲି
ପୁରା ପୃଥିବୀରେ ।

କଣ୍ଟା ଦେହେ ଫୋଡ଼ି ହେଲେ
ମୋନାଲିସାର ହସ ହସେ
ନା କାନ୍ଦ କାନ୍ଦେ
ରକ୍ତ ଗୋଲାପର ପାଖୁଡ଼ା ?
ମରୁଦ୍ୱୀପରେ ଉଠିଲେ ଝଡ଼
କଇଁ କଇଁ କାନ୍ଦେ କି ବୁଲ୍‌ବୁଲ୍
ନା ପ୍ରେମର ସଙ୍ଗୀତ କରେ ଗାନ
ରୋମାଞ୍ଚିତ କରି ଖଜୁରୀ ଓ କାକ୍‌ଟସ୍‌ର ମନ
ଯାହା ହୋଇଯାଇଥିଲା ଧୂଳି ଧୂସରିତ, ମ୍ଲାନ ।

ଆକାଶରେ ଉଠିଲେ ଚନ୍ଦ୍ର
ମୁହଁରୁ ଓଢ଼ଣା କାଢ଼େ ନୀଳ କଇଁ
ଅଜସ୍ର ନୀଳ ସ୍ୱପ୍ନ ଦେଖିବାର ପାଇଁ,
ସେ କି ଦେଖିପାରେ ଚନ୍ଦ୍ରର କଳଙ୍କ
ସେ ଯେ ସାର୍ଥକତାର ଏକ ବିଜୟ ଟୀକା,
ସବୁ ଭୁଲ ହୋଇଯାଏ ନିର୍ଭୁଲ
ଶ୍ୱେତ ଗାଲିଚରେ ଶ୍ୱେତ ରକ୍ତରେ

ଶାନ୍ତିରେ ଶୋଇପଡ଼େ ନୀଳ କଇଁ
ନିଘୋଡ଼ ନିଦରେ
ଚନ୍ଦ୍ରଙ୍କ ତନ୍ଦ୍ରାଚ୍ଛନ୍ନ ଜୋଛନାରେ, ପରିପୂର୍ଣ୍ଣତାରେ
ସେ ପରିପୂର୍ଣ୍ଣତାରେ ଯେପରି ମୋହାବିଷ୍ଟ
ଭୁଲିଯାଏ ତାର ଯେତେଥିଲା କଷ୍ଟ ।

∎

ଯୁଦ୍ଧ

ଦିନଟା ଚବିଶି ଘଣ୍ଟା ବଦଳରେ
ହୋଇଯାଆନ୍ତା କି ଚାଳିଶି ଘଣ୍ଟା
ତୋଳନ୍ତି ମହାନଦୀ କୂଳରେ
ଗୋଟିଏ ସ୍ୱପ୍ନର ତାଜମହଲ,
ଯାହାର କୂଳରେ ଏବେ ଲାଗିଛି ଯୁଦ୍ଧ
କୌରବ ପାଣ୍ଡବମାନଙ୍କ ମଧ୍ୟରେ ।

ବିନା ଯୁଦ୍ଧରେ
ଟୋପାଏ ଜଳ ଦେବାକୁ ବି ନାରାଜ
ଜଣେ ଅନ୍ୟ ଜଣକୁ
ନିଜର ଅହଙ୍କାରକୁ ବଳି ଦେବାକୁ
ପ୍ରସ୍ତୁତ ନୁହନ୍ତି କେହି
ଆତ୍ମବଡ଼ିମାକୁ ରେରେକାର ଶବ୍ଦରେ
ଉଡ଼ାଇ ଦେବାକୁ ଚାହୁଁଛନ୍ତି ସମସ୍ତେ
ଯାହାର ଅଦୃଶ୍ୟ ଗୋଡ଼କୁ ଟାଣୁଛନ୍ତି
ଆକାଶ ଯାଏଁ ଲମ୍ବିଥିବା
ଦୃଶ୍ୟ ହାତମାନେ
ଏକତ୍ରିତ ହେଉଛନ୍ତି
ବିକଟାଳ ଶବ୍ଦମାନେ ।

ଚିତ୍ରଗୁପ୍ତଙ୍କ ପାଖେ ହେଉଛନ୍ତି ଫେରାଦ
ଯମରାଜଙ୍କୁ ପାଇବା ପାଇଁ
ଉପରମୁଣ୍ଡରେ ଥିବା ଜହ୍ଲାଦମାନଙ୍କୁ
ଦେବାପାଇଁ ମୃତ୍ୟୁଦାନ
ତେବେ ଯାଇ ତଳମୁଣ୍ଡର ଜର୍ଜରିତ
ଆର୍ତ୍ତନାଦର ଶବ୍ଦମାନେ
ନିଃଶବ୍ଦ ଶଯ୍ୟାରେ
ଅନାୟସେ ଟିକେ କରିବେ ଶୟନ
ତାଜମହଲ ଗଢ଼ିବାର ଦେଖିବେ ସପନ ॥

■

ଆତ୍ମା

ଏ ଜନ୍ମରେ ଆମେ ପତିପତ୍ନୀ ।
ଆର ଜନ୍ମରେ ହୁଏ ତ ମୁଁ ହୋଇପାରେ ପତ୍ନୀ
ଆଉ ତୁମେ ପତି,
ଏବେ ଆମେ ଜନ୍ମ ନେଇଛେ ହିନ୍ଦୁଘରେ
ଆସନ୍ତା ଜନ୍ମମାନଙ୍କରେ ହୁଏତ ଜନ୍ମ ନେବା
ମୁସଲମାନ, ଖ୍ରୀଷ୍ଟିଆନ୍, ଶିଖ, ଇସାଇ
ବୈାଦ୍ଧ ଅବା ଇହୁଦୀ ଘରେ ।

ପୁଣି ଆମର ଜନ୍ମ ହୋଇପାରେ
ଋଷିଆରେ ବା ଜାପାନରେ
ଆମେରିକା ବା ଆଲାସ୍କାରେ
ଇଣ୍ଡୋନେସିଆ ବା ଆଫ୍ରିକାରେ
ପୁଣି ହୋଇପାରେ ଏ ଗ୍ରହରେ
ଅବା ଅନ୍ୟ କୌଣସି ଜୀବନ ଥିବା
ଗ୍ରହରେ, ଅବଶ୍ୟ ଯଦି ସେଠାକୁ
ଯାଇପାରୁଥିବ ଆତ୍ମା ମହାଶୂନ୍ୟରେ,
ସେମାନେ ହୋଇପାରନ୍ତି
ବୁଦ୍ଧିମାନ, ବଳବାନ, ଶୌର୍ଯ୍ୟବାନ,
ଏବଂ ଈର୍ଷା, ଦ୍ୱେଷ, ମିଥ୍ୟା, ପରଶ୍ରୀକାତରତା
ହୋଇପାରେ ସେମାନଙ୍କ ପାଖରେ ଶୂନ୍ୟ ।

ଏଇମିତି ଆମର ଜନ୍ମ ହୋଇପାରେ
ଜନ୍ମ ଜନ୍ମ ଧରି
ଯେହେତୁ ଆମର ଆତ୍ମା
ଲିଙ୍ଗ, ଧର୍ମ, ବର୍ଣ୍ଣ
ସ୍ଥାନ, କାଳ ଓ ପାତ୍ରର ଊର୍ଦ୍ଧ୍ୱରେ ।

■

କରୋନା ଅନୁଚିନ୍ତା - ୧

ମୁଁ ଟ୍ରାଉଜର ପଞ୍ଜାବୀ ପିନ୍ଧି
ବାହାରିଛି ହାଟଆଡ଼େ ।

ମୁହଁରେ ଅପ୍ରତ୍ୟାଶିତ ଆକ୍ରମଣରୁ
ରକ୍ଷାପାଇବାର ତୁଣ୍ଡି ବାନ୍ଧି
କିଣିବାକୁ ଈର୍ଷା ଓ ଅହଂକାରର
ସବୁଜ ତାଜା ଭଳି ଦେଖାଯାଉଥିବା ପରିବା
ଅଥଚ୍ ହାଟ ଫାଙ୍କା ଫାଙ୍କା
ମେଳି ଓ ଗହଳି ସବୁ ବୋଧେ
ନେଇଛନ୍ତି ସନ୍ୟାସ କେଉଁ ପାହାଡ଼ର
ଶତ୍ରୁ ପ୍ରବେଶ କରି ପାରୁନଥିବା ଗୁଂଫାରେ
କାଁ ଭାଁ ଲୋକମାନେ ଠିଆ ହୋଇଥିବାର
ପ୍ରତୀୟମାନ ହେଉଅଛି ଅଧ ଅଧ
କିଲୋମିଟର ଦୂରରେ, ନା ଛଅ ଫୁଟ ଦୂରରେ,
ନା ମାତ୍ର ଛଅ ଇଞ୍ଚ ଦୂରରେ
ନା ଶୂନ୍ୟ ଦୂରତାରେ ?
ଆଖି ସେମାନଙ୍କର ଦେଖାଯାଉଛି
କେମିତି କେମିତି ଭିନ୍ନ ଭିନ୍ନ ଠାଣି
ବୋଧେ ସୁଖଦୁଃଖର
ବିଷମ ପରିମାଣରେ
ଫେଣ୍ଟାଫେଣ୍ଟିର ଉହାଁଣୀ !

ଦୂରରୁ ଶୁଭୁଛି କାହାର ଦୀର୍ଘ ହ୍ୱିସିଲ୍
ଆଉ ଚାବୁକର ପ୍ରହାର
ପାଗଳପ୍ରାୟ ଘୋଡ଼ାମାନେ ଦୌଡୁଛନ୍ତି
ଇତସ୍ତତ ହୋଇ, ଖୁରାମାନ ସବୁ ପଡୁଅଛି
ବାଲିରେ, ପଥରରେ, କାଦୁଅରେ ବା ଗର୍ତ୍ତରେ
ରେରେକାର ଶବ୍ଦରେ ଖସି ପଡୁଛନ୍ତି
ଉଦଣ୍ଡତା, ଉଦ୍ଧତ ଉଦ୍ଧାମତାର ଭ୍ରାନ୍ତ ମୁକୁଟ ସବୁ
ସସାଗରା ଧରାକୁ ହେୟ ମନେ କରିବାର
ମାନସିକତା, ଜୋରିମାନା ଦେଉଛନ୍ତି
ଅର୍ଜିଥିବା ଚକ୍ ଚକ୍ ଖଣ୍ଡାରେ
ବୋହୁଥିବା ରକ୍ତବିନ୍ଦୁ, ବାଧବାଧକତାରେ ।

ହୃଦୟରୁ ସତେ ଏବେ ହୃଦୟହୀନତା
ବାଷ୍ପ ହୋଇ ମିଳେଇଗଲେଣି
ନିର୍ମଳ ଆକାଶର କେଉଁ ନିଭୃତ କୋଣରେ,
ପୃଥ୍ୱୀମାତା ଏବେ ଶାନ୍ତିରେ ନିଃଶ୍ୱାସ ମାରି
ବିନା ବିମର୍ଷରେ କ୍ଳାନ୍ତିହୀନ ଅପରୂପା ରୂପରେ
ଶୋଇଅଛି ଅଚିନ୍ତାରେ ସବୁଜ ଗାଲିଚା ଉପରେ
ସ୍ୱପ୍ନ ଦେଖୁଅଛି ଯେଉଁ ସ୍ୱପ୍ନକୁ
ସେ ଦେଖି ନଥିଲା ଶତାବ୍ଦୀ ଶତାବ୍ଦୀ ଧରି ॥

କରୋନା ଅନୁଚିନ୍ତା-୨

ଜୀବନ ଓ ପ୍ରେମ ଏବେ ମିଥ୍ୟା
ମୃତ୍ୟୁ ହିଁ ଧ୍ରୁବ ସତ୍ୟ
ସେ ମୃତ୍ୟୁ ପୁଣି
ଅଦୃଶ୍ୟ, ଅସ୍ପର୍ଶ୍ୟ, ଅଚିନ୍ତ୍ୟ
ବନ୍ଧୁ ପରିଜନହୀନ
ଛାର ଏକ ଅତ୍ୟନ୍ତ କ୍ଷୁଦ୍ରାତିକ୍ଷୁଦ୍ର
ଭୂତାଣୁ ନିମିତ୍ତ,
ସେ ସାଜିଛି ଏବେ ମୃତ୍ୟୁଦୂତ !

ସାରା ପୃଥ୍ୱୀ ଏବେ ଥରହର
କୌଣସି ଦେଶ ଏଥିରୁ ବାଦ ପଡ଼ିନି
ଯେଉଁମାନେ ଦିନେ ଥିଲେ ଉଦ୍‌ଭ୍ରାନ୍ତ ମଣିଷ
ମାନୁ ନଥିଲେ ଇନ୍ଦ୍ର ଚନ୍ଦ୍ର
ସାରା ବିଶ୍ୱକୁ କରିଥିଲେ କରାୟତ
ମାସ ମାସ, ବର୍ଷ ବର୍ଷ, ଶତାବ୍ଦୀ ଶତାବ୍ଦୀ ଧରି
ପ୍ରଳାପ କରୁଥିଲେ
ସେମାନେ ହେଉଛନ୍ତି ଦ୍ୱିତୀୟ ଈଶ୍ୱର
ଏ ଧରାଧାମର, ଏବେ କିନ୍ତୁ ଧରାଶାୟୀ
ରସାତଳଗାମୀ ସେମାନଙ୍କ ନଶ୍ୱର ଶରୀର ।

ଏବେ ସାରା ଧରା ଶାନ୍ତ
ନିଃସ୍ତବ୍ଧ, ନୀରବ, ନିଶ୍ଚଳ
ଜୀବଜନ୍ତୁମାନେ ଏବେ ଅନାୟସେ
କରୁଛନ୍ତି ଯାତାୟତ ମନୁଷ୍ୟକୃତ
ରାସ୍ତାର ଉପରେ, ଗଛବୃକ୍ଷମାନେ
ଏବେ ଦୋହଲୁଛନ୍ତି ଆରାମରେ
ମୁଲାଏମ ପବନରେ, ମେଘମାନେ ଖୁବ୍ ଉନ୍ମାଦରେ
ଲୁଚ୍‌କାଳି ଖେଳୁଛନ୍ତି ସଫେଦ୍ ଜହ୍ନର ସାଥିରେ ।

କ୍ରମବର୍ଦ୍ଧିତ ଉତ୍ତପ୍ତ ପୃଥିବୀ ଏବେ
କେଡ଼େ ଶୀତଳ, ଶାନ୍ତିରେ ମାରୁଛି ନିଃଶ୍ୱାସ
ସମୁଦ୍ରର ଜଳ ଏବେ ଆହୁରି ପ୍ରଶାନ୍ତ, ନୀଳ
ସୌନ୍ଦର୍ଯ୍ୟର ଗନ୍ତାଘର ନଦନଦୀ, ହ୍ରଦ
କେତେ ଏବେ ପରିଷ୍କାର, ପରିଚ୍ଛନ୍ନ
ସ୍ୱଚ୍ଛ ଜଳରେ ଏବେ ନିଶ୍ଚିନ୍ତରେ ଖେଳୁଛନ୍ତି
ମୀନ !

'ନମାମୀ ଗଙ୍ଗା' ଏବେ ହସୁଅଛି
ମନଖୋଲା ହସ, ଯାହା ବର୍ଷ ବର୍ଷ ଧରି
କରି ପାରି ନଥିଲା କୌଣସି ପ୍ରକଳ୍ପ
ଏବେ ତାହା କରିପାରିଛି ଅଚିରେ
କରୋନାର ଚମତ୍କାରିତା
ତାର ଆଉ ନାହିଁ ବିକଳ୍ପ ॥

କରୋନା ଅନୁଚିନ୍ତା-୩

ଋତୁମତୀ ଇଚ୍ଛାମାନେ ଏବେ ମୃତ,
ଉପଢୌକନମାନେ ଏବେ ଶବାଗାରରେ
ଭୟଙ୍କର ଭୟମାନେ ଏବେ
ଗ୍ରାସିଲେଣି ସମଗ୍ର ସାମ୍ରାଜ୍ୟ ।

ସୁନେଲୀ ସ୍ୱପ୍ନମାନେ ଏବେ ଖୁଉବ୍ ଦୁଃସ୍ୱପ୍ନ
ଦିନର ଆଲୁଅରେ ଏବେ ଦୁର୍ଦ୍ଦାନ୍ତ ଅନ୍ଧାର
ଖଣ୍ଡାମାନ ଏବେ ପଇଁତରା ମାରୁଛନ୍ତି ରାସ୍ତା ସାରା
ଦୁଆର ଝରକା କରିଦିଅ ବନ୍ଦ
କାଳେ ପଶି ଆସିବେ ସୁଯୋଗ ଉଣ୍ଡି
ଦୟାମାୟା ନାହିଁ ସେ ଖଣ୍ଡାର
ଚକ୍‌ଚକ୍ କରୁଥିବା ଶାଣଦିଆ ଧାର
ଅଚିରେ ଖଣ୍ଡ ଖଣ୍ଡ କରି
ଫୋପାଡ଼ି ଦେବ ରାଜ୍ୟର
କୋଣ ଅନୁକୋଣେ, ରକ୍ତବୋହିବାକୁ
ଦେବନି ଲିତାଏ ସମୟ,
ଖୁବ୍ ନିର୍ଦ୍ଦୟ ସେ ଯେ ଖୁବ୍ ନିର୍ଦ୍ଦୟ ।

ଯାନବାହନମାନେ ଏବେ ଚେତାଶୂନ୍ୟ
ପଡ଼ିଛନ୍ତି ଏବେ ରୋଗାଗ୍ରସ୍ତ ହୋଇ
କେଉଁ ଦୂରନ୍ତ ମରୁ ଇଲାକାରେ
ବିବର୍ଣ୍ଣ, ବିଷର୍ଣ୍ଣ ଉତ୍ତପ୍ତ ବାଲିଝଡ଼ରେ,
ଭକ୍ତଶୂନ୍ୟ ଏବେ ଯେତେ ଯେତେ ଯାତ
ମହାବାହୁଙ୍କର, ଭିନ୍ନ ଭିନ୍ନ ଈଶ୍ୱରଙ୍କର
ତଥାପି ଉଡୁଛି ଆକାଶରେ ନେତ ।

ରାସ୍ତାଘାଟ, ଦୋକାନ ବଜାରରେ
ଏବେ କୋକୁଆଭୟ, ଫ୍ଲାଗମାର୍ଚ୍ଚରେ
ଚାଲୁଛନ୍ତି ତୁଣ୍ଡିବାନ୍ଧି ମୁହଁରେ
ଯେତେ ଯେତେ ଆଜ୍ଞାଧୀନ ସୈନିକ,
ଶତ୍ରୁର ଅତର୍କିତ ଆକ୍ରମଣରେ
ମୃତ୍ୟୁହେଲେ ବନିବେ ଶହୀଦ
ପୁଷ୍ପ ବୃଷ୍ଟି ହେବ ସେମାନଙ୍କ ଶବାଧାରରେ
ତୋପ ସଲାମୀରେ ସେମାନଙ୍କ ଆତ୍ମୀୟସ୍ୱଜନ
କ'ଣ ହୋଇବେ ଆନପାନ ?

କରୋନା ଅନୁଚିନ୍ତା - ୪

ସେ କେବେ ସ୍ୱାମୀ, କେବେ ପୁତ୍ର
କେବେ ପିତା କେବେ ଭ୍ରାତା
ପୁଣି ସେ କେବେ ସ୍ତ୍ରୀ, କେବେ କନ୍ୟା
କେବେ ମାତା କେବେ ଭଗିନୀ
ଅବା କେବେ କରୋନାର ଯୋଦ୍ଧା ଭାବେ
ଭିନ୍ନ ଭିନ୍ନ ଭୂମିକାରେ
ଭିନ୍ନ ଭିନ୍ନ ପୋଷାକପତ୍ରରେ
ଅଭିନୟ ସାରି ଭିନ୍ନ ଭିନ୍ନ ରଙ୍ଗମଞ୍ଚରେ
ବାହୁଡ଼ିଯିବେ ନିଜ ନିଜ ଅଦୃଶ୍ୟ ଧାମକୁ
ହୋଇପାରେ ଅନ୍ତିମ ସମୟ
ବନ୍ଧୁବାନ୍ଧବ ସଖାସହୋଦର ବିହୀନ
ଅସ୍ଥି ଖଣ୍ଡିଏ ଆଉ ମିଳିବାର
ସୁଯୋଗ ମିଳି ନପାରେ
କ୍ରିୟା କର୍ମ କରିବାକୁ ସ୍ୱର୍ଗଦ୍ୱାରରେ ।

       ହଠାତ୍ କୁଆଡୁ ଆସିଲା
       ଏ ଦୁର୍ଦ୍ଦିନ ସମୟ
       ଯାହା ମଧ୍ୟ ଆସିଥିଲା ଏ ପୃଥ୍ୱୀକୁ
       ଶହେ ବର୍ଷ ତଳେ
       ବାନ୍ଧିଥିଲା ମଣିଷ ମୁହଁରେ ତୁଣ୍ଡି
       ଲକ୍ଷ ଲକ୍ଷ ଲୋକଙ୍କର ଗଡ଼ିଥିଲା ଗଣ୍ଡି
       ପୁଣି ସେ ଆସିଛି ଏବେ

ଭିନ୍ନ ଏକ ରୂପରେ
କୋକୁଆଭୟ ଖେଳାଇ ଦେଲାଣି
ସାରା ବିଶ୍ୱରେ ।

କାହାକୁ ସେ ଛାଡୁନାହିଁ
ହେଉ ପଛେ ଅବୋଧ ଶିଶୁଟିଏ
ଅବା ବାଳକଟିଏ, ତେଜୋଦୀପ୍ତ ଯୁବକଟିଏ
ଅବା ବୃଦ୍ଧ ବୃଦ୍ଧାଟିଏ, କିମ୍ବା ଜୀର୍ଣ୍ଣଶୀର୍ଣ୍ଣ
ଅସହାୟ, ନିଃସହାୟ ଭିନ୍ନକ୍ଷମ ଲୋକଟିଏ
ତାର ଦୟାମାୟା କିନ୍ତୁ କିଛି ନାହିଁ,
କରିଦିଏ ତାର ଆବାସସ୍ଥଳୀ ସେମାନଙ୍କ ଫୁସ୍‌ଫୁସ୍‌କୁ
ଇଚ୍ଛାହେଲେ ଅଣସର ସମୟ ପରେ
ଚାଲିଯାଇଥାଏ ଅବା ନେଇଯାଇଥାଏ ପରଲୋକକୁ ।

ତାର ଏ ଗୋଟିଏ ଗୋଟିଏ ଖେଳ
ଯାହା ତାକୁ ବରଦାନ ଦେଇଛନ୍ତି ଭଗବାନ
ଉତ୍କ୍ଷିପ୍ତ ହୋଇ ଅତି ଉଦ୍ଧତ
ଅପରିଣାମଦର୍ଶୀ ମାନବ ଉପରେ
ଆଉ କେବେ ଶୁଖିବ ଏ କ୍ଷତ ?

■

କରୋନା କବିତା

ଖୁବ୍ ଶକ୍ତିଶାଳୀ ଅଣୁବୀକ୍ଷଣ ଯନ୍ତ୍ରରେ
କେବଳ ତାକୁ ଦେଖିହେବ
କିନ୍ତୁ ଦେଖାଯିବନି ଖାଲି ଆଖିରେ ।

ସେ ସଜୀବ ରହିଲେ ଜୀବ ଭିତରେ
ନିର୍ଜୀବ ରହିଲେ ଗୋଡ଼ି ମାଟିପଥରରେ
ଜୀବ ଓ ନିର୍ଜୀବ ମଧ୍ୟରେ
ସେ ଏକ ଯୋଗସୂତ୍ର
ଯାହାର ଭିତରେ ଅଛି ସୂତାପରି ଗୁଣସୂତ୍ର ।

ସେ ହୋଇଛି ସୃଷ୍ଟି ପ୍ରଥମେ ନା ପରେ
ବିବର୍ତ୍ତନ ପ୍ରକ୍ରିୟାରେ
ଯାହା ସନ୍ଦିହାନ ।
ଅତି କ୍ଷୁଦ୍ରାତିକ୍ଷୁଦ୍ର ସିଏ ଅଣୁ
ଯାହାର ନାମ ଭୂତାଣୁ ।

ଭୂତାଣୁଟିଏ ଅତି ସରଳ
ତାର ଶରୀର ଗଢ଼ା ମାତ୍ର
ଦୁଇଟି ବା ତିନୋଟି ଜିନିଷରେ
ନ୍ୟଷ୍ଟି ଅମ୍ଳ, ପୁଷ୍ଟିସାର ଖୋଳପା ଓ ଥାଇପାରେ
ସ୍ନେହସାରର ଏକ ବାହ୍ୟ ଆବରଣ,
ନ୍ୟଷ୍ଟି ଅମ୍ଳ ପୁଣି ହୋଇପାରେ ଦୁଇପ୍ରକାରର :
ଡିଏନ୍ଏ ବା ଆର୍ଏନ୍ଏ

ଭୂତାଣୁ ଭିତରେ ମଧ୍ୟ ଥାଇପାରେ
ଏନ୍‌ଜାଇମ୍ ବା ଜୈବ ଅଣୁଘୋଟକ ।

ବସନ୍ତ ଭୂତାଣୁରେ ଥାଏ ଡିଏନ୍‌ଏ ତ
ଆର୍‌ଏନ୍‌ଏ ଥାଏ ଏଡ୍‌ସ ଅବା କରୋନା ଭୂତାଣୁରେ,
ନ୍ୟଷ୍ଟି ଅମ୍ଳ ହିଁ ମୁଖ୍ୟ କାରଣ ରୋଗ ସଂକ୍ରମଣର ।

କରୋନା ଭୂତାଣୁ ଏକ ଆର୍‌ଏନ୍‌ଏ ଭୂତାଣୁ
ଯାହାର ଥାଏ ଏହି ନ୍ୟଷ୍ଟି ଅମ୍ଳ ଦୁଇଟି
ଓ ଜୈବ ଅଣୁଘୋଟକ ଦୁଇଟି
ଯାହାର ଚାରିପଟେ ଘେରିଥାଏ ଏକ ଖୋଳପା ପୁଷ୍ଟିସାରର
ଓ ତା ଉପରେ ଥାଏ ଆସ୍ତରଣ ସ୍ନେହସାରର
କଦମ୍ବ ଫୁଲ ପରି ଆକୃତି ଯାହାର ।

ଛାର ଏକ କ୍ଷୁଦ୍ରାତିକ୍ଷୁଦ୍ର କରୋନା
ଯାହା ହୁଲୁସ୍ଥୁଲୁ କରିଦେଲାଣି ସାରା ପୃଥିବୀକୁ
କୋଟି କୋଟି ଲୋକ ହେଲେଣି ଆକ୍ରାନ୍ତ
ଲକ୍ଷ ଲକ୍ଷ ଲୋକ ମୃତ୍ୟୁକୁ କଲେଣି ବରଣ
ତଥାପି ସେ ଅଶାନ୍ତ, କରି ଚାଲିଛି ଆକ୍ରମଣ
ମଣିଷର ଯୁଦ୍ଧାସ୍ତ୍ରେ ଅବଶ୍ୟ ସେ ହେବ ଅସ୍ତ ।

କରୋନା ଭୂତାଣୁ ହୋଇଛି ସୃଷ୍ଟି
ଜିନୀୟ ଇଂଜିନିୟରିଂ ପ୍ରଣାଳୀରେ
ଚୀନ୍ ଦେଶରେ, କରୁଅଛନ୍ତି ଦାବୀ
ଜାପାନୀ ବୈଜ୍ଞାନିକ ଇଣ୍ଟରନେଟ୍‌ରେ ।
ମାନବ ସମାଜ ଏବେ ଏକଯୁଟ
କରୋନା ଯୁଦ୍ଧରେ ପିନ୍ଧିବାକୁ ବିଜୟ ମୁକୁଟ ॥

■

ଆସିଥିଲ ଏକା ଚାଲିଯିବ ଏକା

କରୋନା ଏକ ଦୁରୁଦୁରା ଫଳ
କଣ୍ଟକିତ ତାର ବାହ୍ୟସ୍ତର
ହୃଦୟରେ ଭର୍ତ୍ତି ତାର ବିଷ ହଳାହଳ ।

ସେ ତାର ମୁନିଆଁ କଣ୍ଟାରେ ଫୋଡ଼ି
କରିଦେବ ତମକୁ କ୍ଷତାକ୍ତ, ରକ୍ତାକ୍ତ
ନୀଳ ବିଷ ତାର ବୋଳିଦେବ ଅନାୟସେ
ତମ ଫୁସ୍‌ଫୁସ୍‌ର ଅନ୍ଦର ମହଲେ
ଭରିଦେବ ଘନ ଘୋର ଅନ୍ଧକାର
ଯନ୍ତ୍ରଣାରେ ତମେ ହେବ ଜର୍ଜରିତ
ଦିଗହରା ହୋଇ ଦୌଡ଼ିବ ଇଆଡ଼େ ସିଆଡ଼େ
ଖସିପଡ଼ିବ କୌଣସି ଏକ ମୃତ୍ୟୁର କୂପରେ
କେହି ଜଣେ ନ ଥିବେ ତମ ପାଖରେ
'ଆହା' ଟିକିଏ କରିବାକୁ
ଅସ୍ଥି ଖଣ୍ଡିଏ ନେଇ ବିସର୍ଜନ କରିବାକୁ
ଗଙ୍ଗାର ଜଳରେ ।

ତମେ ଯେମିତି ଆସିଥିଲ ଏକା
ଚାଲିଯିବ ସେମିତି ଏକା
ବନ୍ଧୁ ପରିଜନ, ପରିବାରବର୍ଗଙ୍କୁ
କରିଦେଇ ଏକା ଏକା ।

ସମସ୍ତେ ଭୁଲିଯିବେ ଦିନେ
ଏ ପୃଥିବୀରେ ଥିଲେ ଜଣେ ମହାମହିମ ଆଲେକ୍‌ଜାଣ୍ଡାର
ଯାହାଙ୍କର ଦୁଇ ରିକ୍ତ ହସ୍ତ
ଝୁଲୁଥିଲା ଦୁଇପଟେ, ଶବାଧାରରେ ।

ଯବନିକା

ମୃତ୍ୟୁ ମାନେ ଜନ୍ମ
ଜନ୍ମ ମାନେ ମୃତ୍ୟୁ
ଜନ୍ମ ଓ ମୃତ୍ୟୁର ସେତୁ ଜୀବନ ।

ଜୀବନ ତ ଏକ ଲୁଡୁପାଲି
କେତେବେଳେ ଶିଢ଼ିରେ ଉପରକୁ ଚଢ଼
ତ କେତେବେଳେ ସାପ ପାଟିରେ ତଳକୁ ଖସ
ସ୍କୁଲରେ ଗଣିତ କଷିଲାବେଳେ
ଗୋଟିଏ ତୈଳାକ୍ତ ଖୁଣ୍ଟ ଉପରକୁ ପିମ୍ପୁଡ଼ିଟିଏ
ପ୍ରତି ମିନିଟରେ ଦଶ ଇଞ୍ଚ ଉଠିଲା ବେଳେ
ପରବର୍ତ୍ତୀ ମିନିଟରେ ପାଞ୍ଚ ଇଞ୍ଚ ତଳକୁ ଖସିଲା ପରି
ଜୀବନର ଅନ୍ତିମ ସ୍ଥାନରେ ପହଞ୍ଚିବାକୁ
କିନ୍ତୁ କେତେବେଳେ ଭୀଷଣ ଘୂର୍ଣ୍ଣିବାତ୍ୟା ଆସି
ଉଡ଼େଇ ନେବ ସେ ଖୁଣ୍ଟଟିକୁ ଯେ
ଚିହ୍ନବର୍ଣ୍ଣ ଆଉ ମିଳିବିନି ସେ ପିମ୍ପୁଡ଼ିର
ଆଉ କ'ଣ ଗଣିତ କଷିବ ?

ଜୀବନ ସତେ ସମୟ ହାତରେ
ଏକ ସଖୀ କଣ୍ଢେଇ
କେତେ କେତେ ନଚାଇବ ଅଦୃଶ୍ୟ ରଙ୍ଗମଞ୍ଚରେ ତ
କେତେବେଳେ ପୁଣି ହସେଇ ହସେଇ
କରିଦେବ ବେଦମ ଯେ ଆଖିରୁ ବୋହିଯିବ ଲୁହ
ପୁଣି କେତେବେଳେ କନ୍ଦେଇ କନ୍ଦେଇ
ନେଇଯିବ ଦର୍ଶକମାନଙ୍କ ସମ୍ମୁଖରୁ
ଏକ ଧଳା ରଂଗର ଯବନିକା ପକେଇ ॥

■

ରୋମନ୍ଥନ

କେତେ ଶୀଘ୍ର ଚାଲିଗଲା
ପ୍ରାୟ ଅର୍ଦ୍ଧଶତାବ୍ଦୀ ଏଇ ପୃଥ୍ୱୀରେ,
ଏଇ ଭାରତରେ, ଏଇ ଓଡ଼ିଶାରେ,
ଏଇ ଭୁବନେଶ୍ୱରରେ ତଥା ଆମର ପ୍ରିୟ
ବି.ଜେ.ବି. କଲେଜରେ !

ଆସିଥିଲୁ ସେତେବେଳେ ଆମେ
ହାଫ୍ ପ୍ୟାଣ୍ଟ ପିନ୍ଧି ପ୍ରିୟୁନିଭରସିଟି କ୍ଲାସକୁ
ଊଣିଶି ଶହ ଅଣସ୍ତରୀ ମସିହାରେ
ଲଳିତ ପଣ୍ଡା ମଧ୍ୟ ପିନ୍ଧୁଥିଲା ହାଫ୍ ପ୍ୟାଣ୍ଟ
ଯେ ଏବେ ସ୍ୱର୍ଗରେ ।
ସେତେବେଳେ ଦୌଡୁଥିଲୁ ଗୋଟିଏ କ୍ଲାସ
ସରିଲା ପରେ ଅନ୍ୟ ଏକ କ୍ଲାସକୁ
ଅଧ୍ୟକ୍ଷ (୰ଶିବ କୁମାର ପଣ୍ଡା) ମହୋଦୟ ମଧ୍ୟ
ଆମକୁ ବୁଝାଉଥିଲେ ଗଣିତର ଜଟିଳ ସୂତ୍ର,
ପ୍ରଭାତ ସାର ବୁଝାଉଥିଲେ ଏସିଡ୍ ଆଉ ବେସ୍‌ର
ରିଆକ୍‌ସନ୍
ତ ସତ୍ୟଶଙ୍କର ସାର ପଢ଼ାଉଥିଲେ 'ଦି ହାଇୱେ ମ୍ୟାନ୍'
ଚନ୍ଦ୍ରଶେଖର ରଥ, ଡି.କେ. ସାମନ୍ତରାୟଙ୍କ କ୍ଲାସରେ
ଆମେ ହୋଇଯାଉଥିଲୁ ମନ୍ତ୍ର ମୁଗ୍ଧ ।

ଛୁଟିଦିନରେ ବି ପଢୁଥିଲୁ
ସୌଭାଗ୍ୟ କୁମାର ମିଶ୍ରଙ୍କ 'ଆତ୍ମନେପଦୀ',
ଆଜି କିନ୍ତୁ କ୍ୟାମ୍ପସ୍‌ରେ ହସୁନି ଆଉ
ସେ ଦିନର କୃଷ୍ଣଚୂଡ଼ା, ସମୟର ଅଣଚାଶ ପବନରେ
ହଜିଯାଇଛି ତାର ରଙ୍ଗୀନ ପଣତ ।

ଆଜି ସବୁ ମନେପଡ଼େ
ନନ୍ଦନକାନନରେ ପିକ୍‌ନିକ୍,
ନାରାୟଣୀ ମନ୍ଦିରରେ ବଣଭୋଜି,
ବାର୍ଷିକ କ୍ରୀଡ଼ା, ନାଟ୍ୟ ଓ ଅନ୍ୟାନ୍ୟ ଉତ୍ସବମାନଙ୍କରେ
ସମ୍ମିଳୀତ ଯୋଗଦାନ ଓ ଉନ୍ମାଦନା
ତଥା ପୁରସ୍କାରପ୍ରାପ୍ତିର ଆକାଙ୍‌କ୍ଷା
ସବୁ କିନ୍ତୁ ଆଜି ଲୁଚିଯାଇଛି ସମୟର ଅଦୃଶ୍ୟ ହାତରେ
ମଞ୍ଜିଟିଏ ଥରେ ଅଙ୍କୁରୋଦଗମ୍ ହୋଇ ବୃକ୍ଷ ହେଲା ପରେ
ଆଉ ଥରେ ଅଂକୁରୋଦଗମ୍ ହୁଏ କି ?

କିନ୍ତୁ ପୁଣି ଇଚ୍ଛା ହୁଏ
ଆଉ ଥରେ ସେ କଲେଜ ଜୀବନ ଫେରିଆସନ୍ତା କି ?

■

ଚିର ଜାଜ୍ୱଲ୍ୟମାନ ଜ୍ୟୋତିଷ୍କ

ଓଡ଼ିଶାର ଊନବିଂଶ ଓ ବିଂଶ ଶତାବ୍ଦୀର
ମଧ୍ୟ ଭାଗର ଅର୍ଦ୍ଧଶତାବ୍ଦୀକୁ
କରିଥିଲା ଋଦ୍ଧିମନ୍ତ ତବ ଜୀବନ
ତବ ଆଦର୍ଶର ପ୍ରଜ୍ୱଳିତ ମଶାଲ
ଆଲୋକିତ କରିଥିଲା ଉତ୍କଳର କୋଣ ଅନୁକୋଣ ।

ତବ ତ୍ୟାଗର ନାହିଁ ପଟାନ୍ତର
ଏ ଭୂଖଣ୍ଡରେ
ତୁମେ ଏକମାତ୍ର ଜାଜ୍ୱଲ୍ୟମାନ ବତୀଘର
ଉତ୍କଳ ଇତିହାସ ସମୁଦ୍ରର
ତୁମ ବିନା ଉତ୍କଳ ପ୍ରଦେଶ
ହୋଇଥାନ୍ତା ଅଧୁରା
ତୁମେ ଏକ ବିସ୍ମୟ
ଏ ସାରା ଓଡ଼ିଆ ଜାତିର ।

ବକୁଲବନର ହେ ପଟ୍ଟପୁରୋଧା !
ଶିକ୍ଷାଦାନର ହେ କରିତ୍‌କର୍ମା !
ସତ୍ୟ, ନ୍ୟାୟ, ନୀତିନିୟମ
ଓ ଆଇନ୍‌ର ହେ ଶିରୋମଣି,
ଦୁଃଖି ରଙ୍କଙ୍କର କୋଟିନିଧି
ତୁମେ ହିଁ ଉତ୍କଳର ଏକମାତ୍ର ମଉଡ଼ମଣି ।

ତୁମେ ତ ଥିଲ ଜ୍ଞାନାଭଣ୍ଡାରର
ଅନନ୍ୟ ଦିଗ୍‌ଦର୍ଶକ
କବିତା ରାଜ୍ୟରେ ତୁମେ ବି ସମ୍ରାଟ
ଏବେ ଝୁରୁଛି 'ଧର୍ମପଦ'
କାୟା ବିସ୍ତାର କଲାଣି 'କାରାକବିତା'
ଭୂମିରୁ ଭୂମା ପର୍ଯ୍ୟନ୍ତ,
ପ୍ରତିଧ୍ୱନିତ ହେଉଛି ପ୍ରତିଟି ମନରେ
'ବନ୍ଦୀର ଆତ୍ମକଥା', 'ଉପାଖ୍ୟାନ ନଚିକେତା'
କିନ୍ତୁ କେତେଜଣ ଆଜି
କରୁଛନ୍ତି ସକରାତ୍ମକ 'ଅବକାଶ ଚିନ୍ତା' ?

ଉତ୍କଳ ଆକାଶର ତମେ ଜଣେ
ଚିର ଜାଜ୍ଜ୍ୱଲ୍ୟମାନ ଜ୍ୟୋତିଷ୍କ
ତବ ଆଗେ କୋଟି ପ୍ରଣିପାତ
ହେ ଅବିନଶ୍ୱର ଗୋପବନ୍ଧୁ ଦାଶ ! ॥

■

ଶେଷ ନିଶ୍ୱାସ

ବେଳେବେଳେ ଅସ୍ଥିର ଚିତ୍ତରେ ପ୍ରଶ୍ନ ଉଠେ :
ଲୋକଟିଏ ମଲା ବେଳେ
ଶେଷ ପ୍ରଶ୍ୱାସ ନେଇ ମରେ
ନା ଶେଷ ନିଶ୍ୱାସ ଛାଡ଼ି ମରେ ?
ଯଦିଓ ଆମେ ଜାଣୁ ଯେ
ଲୋକଟିଏ ତ୍ୟାଗ କଲା ଶେଷ ନିଃଶ୍ୱାସ !

ଯଦି ତାର ଶିରାପ୍ରଶିରାରେ
ବୋହୁଥିବ ଲୋଭ ମୋହର ରକ୍ତ
ସେ ଇଚ୍ଛିବ ନେବାକୁ ଶେଷ ପ୍ରଶ୍ୱାସ
ତାର ରକ୍ତକୁ ଆହୁରି ଲାଲ କରିବାକୁ
ମିଶାଇ ଅମ୍ଳଜାନ,
କିନ୍ତୁ ହାୟ !
ସେତେବେଳକୁ ପାଣି ଫାଟି ଯାଇଥିବ
ତାର ରକ୍ତ ।

କିନ୍ତୁ ଯଦି ବୋହୁଥିବ
ସତ୍ୟ, ଧର୍ମର ରକ୍ତ
ତେବେ ସେ ଇଚ୍ଛିବ
ଛାଡ଼ି ଦେବାକୁ ଶେଷ ନିଃଶ୍ୱାସ
ଦେଇ ଦେବ ପୃଥିବୀକୁ ପବନ ତାର

ଯାହା ସେ ନେଇଥିଲା ଉଧାର
ତା ଜୀବନରେ ଥରକୁ ଥର
ଆଉ କ'ଣ ବା ମୂଲ୍ୟ ଅଛି
ରଖିବାକୁ ସେ ପବନ
ଲୋଚା କୋଚା ହୋଇଯାଉଥିବା
ତା' ଫୁସ୍‌ଫୁସ୍‌ରେ
ଆଉ ଇଞ୍ଚେ ବି ଜାଗା ନାହିଁ ସେଥିରେ !

ତେଣୁ ମୁଁ ପ୍ରାର୍ଥନା କଲି
ହେ ଈଶ୍ୱର !
ମୋ ନିଃଶ୍ୱାସ ପ୍ରଶ୍ୱାସର
ଶେଷଟି ହେଉ ମୋ ନିଃଶ୍ୱାସ ॥

■

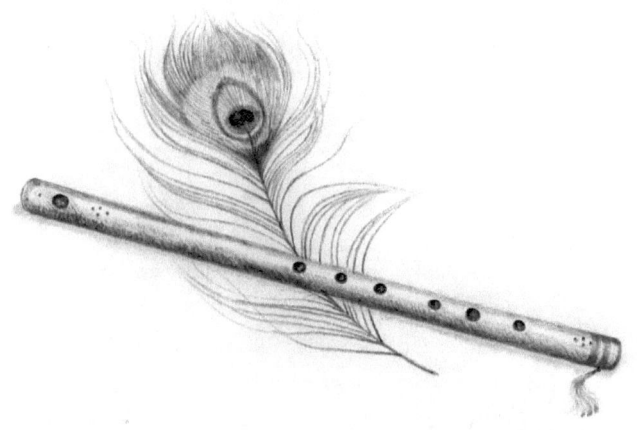

BLACK EAGLE BOOKS

www.blackeaglebooks.org
info@blackeaglebooks.org

Black Eagle Books, an independent publisher, was founded as a nonprofit organization in April, 2019. It is our mission to connect and engage the Indian diaspora and the world at large with the best of works of world literature published on a collaborative platform, with special emphasis on foregrounding Contemporary Classics and New Writing.

www.ingramcontent.com/pod-product-compliance
Lightning Source LLC
Chambersburg PA
CBHW020540080526
44583CB00013B/924
9781645601869